红色记忆® 50

抗日烽火中的文化救亡

海南省文化交流促进会　编著

南海出版公司

2015·海口

图书在版编目（CIP）数据

红色记忆．50，抗日烽火中的文化救亡 / 海南省文化交流促进会编著．-- 海口：南海出版公司，2015.12（2025.1 重印）
ISBN 978-7-5442-6308-5

Ⅰ．①红… Ⅱ．①海… Ⅲ．①革命传统教育－中国－青少年读物 Ⅳ．① D642-49

中国版本图书馆 CIP 数据核字（2015）第 309943 号

HONGSE JIYI · 50——KANGRI FENGHUO ZHONG DE WENHUA JIUWANG

红色记忆·50——抗日烽火中的文化救亡

作　　者　海南省文化交流促进会
总 策 划　刘　栋
顾　　问　贾延岩
执行总编　任在齐
责任编辑　聂　敏
封面设计　郑广明
排版印务　吴　雪
发行总监　杨成春
出版发行　南海出版公司　电话：（0898）66568505
社　　址　海南省海口市海秀中路 51 号星华大厦五楼　邮编：570206
电子信箱　nhpublishing@163.com
经　　销　新华书店
印　　刷　天津睿意佳彩印刷有限公司
开　　本　787 毫米 ×1092 毫米　1/16
印　　张　6.25
字　　数　112 千字
版　　次　2015 年 12 月第 1 版　2025 年 1 月第 2 次印刷
书　　号　ISBN 978-7-5442-6308-5
定　　价　39.80 元

对历史无知的人，没有真正的信仰可言；没有信仰的人，不可能拥有美好的理想，不可能胸怀崇高的情感，也就不可能担负起任何责任。用欲望文化代替历史教育，足以使一个国家的青年被腐蚀、使一个民族的希望被毁掉，使这个国家和民族被永世万代地奴役！

鉴于此，我们呼唤历史，唤回那段属于二十世纪的“红色”历史，唤回那段炮火硝烟、颠沛流离的历史，唤回那冲天的狼烟留下的悲壮回忆、岁月年轮沉淀的斑驳痕迹。历史不应该被忽略，更不应该被遗忘，牢记那段革命战争年代的红色历史更是责任。为了那些不应该被忘却的记忆，为了那些不应该被丢弃的信念，于是就有了这套《红色记忆》丛书。

曾记否，当草鞋与意志丈量出来的两万五千里穿越一个伟大民族五千年的荣辱兴衰，革命的火种被一路播撒、一路点燃。人迹罕至的雪山、荒无人烟的草地被鲜血浸透，衬映出一段光辉的里程；万水千山早已被远远地抛在身后，一轮红日在黄土高原磅礴而起。满目疮痍的河山在1936年10月温暖如春……

曾记否，当生命和鲜血浸染的十几年光阴将一种记忆铭刻进一个伟大民族的历史画卷，革命的火焰从星火到燎原。这栏杆拍遍、易水悲歌般的呼号，这折戟沉沙、慷慨赴义的悲壮，这铁马冰河、枕戈待旦的苦战，这红旗漫卷、所向披靡的豪迈……腔腔热血、铮铮铁骨早已被熔铸成一座不朽的丰碑，中华民族从苦难中百死后生的壮丽诗史凝结成了五星闪耀的红色记忆。

曾记否，中华人民共和国成立以来，又有无数英烈接过前辈用鲜血染红的旗帜，或壮怀激烈戍边卫国，或忠于职守鞠躬尽瘁，或绝甘分少奉献大爱，甘做国家强盛、人民富裕的铺路石，成为和平年代民族复兴的荣光，把人民心中的红色记忆浸染得分外鲜艳，永不褪色。

这红色记忆，是信念不衰、志向不改的崇高气节；这红色记忆，是无私无我、生属苍生的博大胸怀；这红色记忆，是敢为人先、披荆斩棘的拓荒精神；这红色记忆，是中华民族最宝贵的精神财富。它告诫我们，人事有代谢，传承无绝期。缅怀先烈精神，继承先烈遗志，是社会的道德和民族的良心，是后来者须臾不可忘怀的本分。

老一代人把历史的真实交付给我们，我们有责任用真实还原历史，传承给下一代，把那段岁月与现在年轻人的生活连接到一起，使他们眼中的历史变得立体、真实、可靠，让历史成为他们前进的动力。本丛书将那些流动的、随时会飘散在时间天际的事件凝固下来，希望透过这些文字、图片，感受到英雄们那坚定的革命信念，感受到那个年代澎湃的革命激情，真切体会那段“红色历史”。

忘记历史，就意味着背叛。让我们重温历史，缅怀先烈，从中汲取力量，毅然前行。

刘栋

目录

CONTENT

目录

CONTENT

用手中笔鼓舞民众
——“中华全国文艺界抗敌协会”成立前后

文/夏　静　张　晶

武汉市汉口中山大道九百四十九号，是汉口总商会旧址。城市几经变迁，这栋欧式的老房子还是被保存了下来。1938年3月27日，“中华全国文艺界抗敌协会”在此成立，结成了全国范围内影响最广泛的文艺界抗日民族统一战线。

1937年南京沦陷后，武汉成为中国战时首都。从上海、平津、东北等地来的作家、诗人，会集在武汉三镇。中华全国戏剧界抗敌协会、武汉文化界行动委员会、中华全国电影界抗敌协会等各种文艺工作者自发组织的文化社团在武汉相继成立。

1939年4月10日，《抗战文艺》第四卷第一期上记载了“中华全国文艺界抗敌协会”的筹备过程：“最初动议组织‘文协’的，是阳翰笙同志。全国戏剧界抗敌协会正式成立的那一天，武汉各剧院联合全体会员，他在席间，便和王平陵同志详谈这件事，并希望中国文艺社展开这一项在中国文艺史上前所未有的宏伟的工作。隔了几天，先由他借座蜀珍酒家邀请穆木天、端木蕻良、聂绀弩、王淑明、马彦祥、冯乃超、王平陵等，非正式地交换一次意见。经过长时间的研究，得到一个虽然空泛但很重要的结论，这在抗战阵营上，是急需的；在文艺本身的发展上，是必需的。”

著名剧作家老舍是中华全国文艺界抗敌协会筹备委员会成员之一。他曾在回忆这段历史时说：“文人，在平日似乎有点吊儿郎当，遇到要事正事，他们会干得很起劲、很紧张。文艺协会的筹备期间并没有一个钱，可是大家肯掏腰包，肯跑路，肯车马自备……”

经过短短三个多月，中华全国文艺界抗敌协会（以下简称“文协”）成立了。文艺界在民族解放的旗帜下，结成了最广泛的统一战线。

“中华全国文艺界抗敌协会”成立时的合影

2015年8月19日，湖北省博物馆举办中国抗战文物纪念展。展品中有一张文协成立当日的全体成员合影。据湖北省博物馆研究院研究员王纪潮介绍：“当时筹备文协的有老舍、胡风、阳翰笙、冯乃超、王平陵等人。会后选周恩来、孙科、陈立夫等为名誉理事，选出理事郭沫若、茅盾、胡风、老舍、张道藩、姚蓬子、陈西滢、王平陵等四十五人。这张合影生动地证明了中国文化界不分左右、同仇敌忾、共赴国难的这一史实。”

文协成立后，创办了自己的会刊《抗战文艺》。1938年5月4日至1946年5月，《抗战文艺》先后出版了七十一期，是唯一贯穿抗日战争时期的文艺刊物，在开展抗日文艺活动、繁荣创作、培养青年作家等方面，发挥了很大作用。

此外，文协还组织作家战地访问团，多次访问、慰劳各地战场的将士，推动了文艺工作者的下乡和入伍；团结、教育、组织了大批戏曲界艺人，投入抗日救亡运动；协助文艺界各抗敌协会开展工作，促进了文艺界的团结和抗战文艺的发展。文协先后在广州、成都、昆明、桂林、香港、襄樊、延安、晋东南、贵阳、曲江、上海等地成立分会，组织遍布全国各地；积极与世界各国革命文学界取得联系，努力将中国人民誓死不屈的决心和勇气传递给全世界，使中国抗日战争成为世界反法西斯战争的重要组成部分。

1938年10月27日，武汉沦陷，文协迁至重庆，继续开展抗日文艺活动。

在中华民族存亡之际，中华全国文艺界抗敌协会发出了那个时代最雄壮的呐喊，勇敢地承担起文化人的责任，用他们的笔，饱蘸知识分子的正义和担当，捍卫祖国。正如老舍所说，中国文艺工作者“分散开来，他们也许只能放出飞蚊的微音；联合起来，他们定能发出惊天动地的怒吼——大家‘能’凑在一起呐喊，就是伟大”。

（本文发表于2015年9月，选自《光明日报》）

上海文艺界抗战史迹钩沉：琴棋书画也是枪

文/钟　菡

在中华民族生死存亡的关头，上海广大文艺工作者投身到抗日救亡活动中，用艺术的方式揭露、记录日军暴行，激励全民族抗战斗志。琴、棋、书、画、魔术、电影、雕塑，都能成为他们参加抗战的“大刀”“长矛”。

文艺抗战影人打头阵

第一个关注抗战的文艺界人士是谁？根据著名魔术表演艺术家傅起凤、傅腾龙提供的资料记载，首先站出来的是一位魔术师，也是一位武侠电影明星和电影制作人，他的名字叫张慧冲。

张慧冲是当时著名的魔术师之一。1927年，他与爱人徐素娥成立了慧冲影片公司，自编、自导、自演过二十多部电影。1932年，一·二八事变爆发，张慧冲带领自己的摄制组，第一个赶到上海闸北的事件现场。他冒着日军轰炸的炮火，扛着摄影机穿梭于淞沪战场，拍摄了许多日军侵略暴行和第十九路军英勇杀敌的珍贵镜头，并给它配上粤语，制作成首部抗战纪录片在上海和广州上映，大大唤起了同胞的抗日激情。

接着，张慧冲远赴热河前线，拍摄了大型纪录片《热河血泪史》，1933年3月在全国电影院公演，再一次引起了轰动。鲁迅先生在《申报》发表《迎头经》写道：“虽然据张慧冲君所说，‘享名最盛之义军领袖，其忠勇之精神，未能悉如吾人之意想’，然而义军的兵士的确是极勇敢的小百姓。”这两部影片也是中国人最早记录抗日战争的影片。

江南江北同唱《满江红》

1933年，张慧冲去热河慰问拍摄时，同行的还有聂耳。

据义勇军第二军团骑兵一团三营营长刘凤梧之子、现锦州义勇军研究会副会长刘生林回忆，当时聂耳操着南方话说：“大家唱歌的调子是《满江红》，用东北话唱的歌词我听不懂。你们唱的是什么歌嘛？”刘凤梧介绍自己唱的是《义勇军誓词歌》，并将歌词给聂耳看。聂耳读罢歌词，激动地拿出小提琴，拉起《满江红》的曲调，刘凤梧指挥战士们随着琴声唱起《义勇军誓词歌》，并号召围观百姓支援义勇军、支援抗战，这很可能就是聂耳创作《义勇军进行曲》的灵感来源。

抗战爆发之后，上海成为“孤岛”，亲日势力极为嚣张。据严晓星《近世古琴逸话》记载，当时的今虞琴社在张子谦等人的领导下坚持活动。1939 年，在浦东同乡会礼堂举行公演之前，有人提出，唱《满江红》恐怕会招来日军忌恨，但琴社成员仍毫无畏惧地坚持演出。聂耳伴奏《义勇军誓词歌》的《满江红》与今虞琴社演唱的琴歌《满江红》并非同一首曲子。严晓星介绍，聂耳的《满江红》是著名音乐家杨荫浏配的曲子，实际来自《音乐杂志》登载的萨都剌《满江红·金陵怀古》的曲谱，后由杨荫浏用岳飞“怒发冲冠”的词替下萨都剌的词，从此传唱开来。而古琴《满江红》则是清朝的曲谱，在当时使用昆曲的唱法演唱。虽是两首曲子，在鼓舞抗战斗志上却是异曲同工。

象棋家、魔术师绝技爱国

原上海文史馆馆员、“爱国棋王”谢侠逊曾与棋友共同发表《国耻纪念象棋新谱》，将较大的政治事件排成三十个字形残局，被视为“仇日专著”而遭日本人仇视。1932 年，谢侠逊全家被日军围困于虹口四川北路大成书店家中，幼子秉福受惊夭折。谢侠逊不仅没有退缩，反而带领全家人参与抗战。

七七事变之后，谢侠逊主动请缨下南洋以“弈枰之车马，抒国难之忠愤”，冒着生命危险，通过象棋义赛为抗日募捐了五千余万元现款及诸多金银珠宝，动员三千三百名华工技师回国参加抗战。浙江省平阳县文联副主席、《爱国棋王谢侠逊》一书编者姜光树介绍，此举激发了广大华侨的爱国热情。

与谢侠逊在上海结为忘年之交的傅天正则用魔术为武器。据傅起凤提供资料记载，1937 年八一三事变后，傅天正立即投入了抗日救亡的洪流，即兴创作了《万众一心》《胜算在手》等节目，亲临江湾慰劳淞沪战场上的抗日将士。在《万众一心》魔术中，傅天正先展示一副花色齐全的扑克牌，代表着全国各行各业的民众，之后不断翻动扑克，请观众伸出食指插入牌叠，翻开被按住的牌面来看，总是红心一点，最后他把整副扑克牌摊开在手掌上，全副牌都变成了红心一点，象征“军民团结，万众一心，中国必胜”。此后，傅天正与谢侠逊联袂为抗战募捐。1939 年，谢侠逊在重庆与周恩来下棋两局，一残局起名“共抒国难”刊登于报上，周恩来赞誉他为“爱国象棋家”。

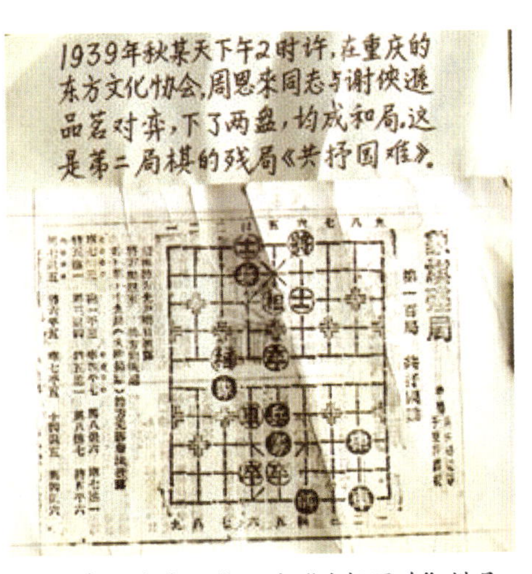

周恩来与谢侠逊所下的“共抒国难”棋局

漫画笔杆抗战各显其能

丰子恺先生曾在《漫画是笔杆抗战的先锋》的评论中表示，看漫画只费几秒钟，在繁忙的非常时期，这种宣传方法最有效；漫画是一种直白的形式，不识字的人也看得懂，故宣传力最广。日军进攻上海时，上海文艺界成立了文艺界救亡协会，推出《救亡日报》五日刊。当时在上海成立的漫画协会响应号召改名为“中国漫画界救亡协会”，并成立了漫画宣传队，由叶浅予担任领队，发挥漫画的战斗功能。

1938 年日军侵入金山嘴，著名书画家白蕉目睹家乡生灵涂炭，在作诗痛斥日军之余，与挚友邓散木一起举办“杯水书画展”，为抗战募捐。著名画家申石伽坚拒日军收买，抵沪后创作大量绘画参加抗战募捐。

在抗战期间，著名画家谢之光创作了《一当十》，这是月份牌设计师以专业特长参与社会运动的一个著名例子。

最早向欧洲揭露日军侵略暴行的比利时画家埃尔热的著名系列漫画《丁丁历险记》中的《蓝莲花》，来自他的好友、著名雕塑家张充仁的建议。上海油画雕塑院美术馆副馆长傅军介绍，张充仁 1934 年在比利时结识了埃尔热。《蓝莲花》以中国南满铁路事件为背景，有不少上海的场景，还出现了抗日的标语，漫画中的“张”就是以张充仁为原型的。

（本文选自《解放日报》）

文化的力量：团结御侮的上海抗战文学

文／鲁　刚

好铁要打钉／好男要当兵／同胞四万万／大家一条心／赶走侵略者／救国又救民……

这是著名作家柯灵在上海沦陷后所作的一首脍炙人口的诗歌，也是文艺作品宣传抗日、鼓舞抗日的一个缩影。

抗日战争全面爆发后，上海成为中华民族抗战的前线战场，上海人民群众爱国主义呼声、英雄主义呼声空前高涨，上海各界抗日救亡运动蓬勃开展，文坛上一批又一批爱国作家也创作了无数抗日名篇，激励和鼓舞着中国人民军民一心，保家卫国。

文艺为抗战服务，左翼文学引领抗日文艺

随着战前文学刊物的纷纷停刊，抗战文艺运动伴随着战火诞生了，并迅速轰轰烈烈地开展起来。其中最重要的事件，是1930年3月2日中国左翼作家联盟在上海成立，简称“左联”。左联受中共中央宣传部文化工作委员会的领导，标志着中国左翼文学运动高潮的到来。

左联会址

这期间抗战文艺运动的兴起蓬勃开展，主要表现为：首先是一批新的文艺界救亡组织和抗战文艺团体相继出现；其次是上海作家的抗战文学创作更加活跃，“文艺为抗战服务”的主张，成为广大上海作家的普遍共识和从事文学活动的自觉指导。

在作家抗日统一战线方面，1935年底，“上海文化界救国会”成立，上海文化界三百余人联合署名发表《上海文化界救国运动宣言》，1936年10月以鲁迅为首、附有二十一位中国著名作家署名的《文艺界同人为团结御侮与言论自由宣言》，标志着中国文艺界抗日统一战线的初步形成。

夏衍的报告文学名篇《包身工》

九一八、一·二八事变以后，左翼作家在左联刊物《文学导报》《北斗》《文学月刊》及其他刊物上发表了不少以爱国、抗日、反汉奸为题材的作品。其中报告文学的创作尤为引人注目，一些作品成为这一时期的名篇，如夏衍的《包身工》。

《包身工》完全采用了写实手法，在描写包身工超负荷劳动时，夏衍这样写道：“每天做十二小时工，平均每人要吸入0.15克的棉花絮。”“手脚瘦得像芦柴棒，身体像弓一般的弯，面色像死人一般的惨。”这些细节源于深入的调查。1935年，夏衍住在麦特赫斯德路（今泰兴路），离包身工所在的杨树浦有十多里路的距离。为了在早上5点之前赶到那里，就得凌晨3点起身，步行过去，才刚好能看见包身工上班的情形。这样的观察坚持了两个多月，用他后来的话说是“做了两个多月的‘夜工’”。

夏衍的报告文学名篇《包身工》封面

这一时期的左翼文学的创作还有两个比较突出的现象。一是有不少作家写了一系列抨击国民党政府妥协投降、宣传抗日救亡的杂文，鲁迅是其中最为出色的代表。1932年至1936年，鲁迅在《二心集》《南腔北调集》等文集中，对侵略者和不抵抗主义进行了揭露。二是一批来自东北沦陷区的青年作家加入左联，写出了大量反映东北地区人民抗日

“东北作家群”杰出代表萧红（左）、萧军（右）的合影

斗争活动和老百姓在日军铁蹄下困难生活的文学作品。他们被称为“东北作家群”，其中比较著名的有萧军和萧红。萧军的长篇小说《八月的乡村》为上海的左翼文学注入了崭新的活力，那是他的成名作和代表作。萧红的《生死场》在1935年出版后同样震动了上海文坛。

“七月派”与丘东平的战争小说

七七事变后，国共实现第二次合作，全民族的持久抗战成为现实。1937年7月28日，由上海文化界各方面代表组成的“上海文化界救亡协会”成立，掀起了文化界抗日救亡运动的新高潮。

八一三淞沪会战打响后，在硝烟中诞生了一批新的文学刊物。8月中旬，《抗战》创刊；8月24日，以“上海文化界救亡协会”名义主办的《救亡日报·文艺副刊》正式出版；8月25日，《文学》《文丛》《中流》《译文》改为联合出版的《呐喊》月刊；9月1日，《战时联合旬刊》出版；9月11日，由胡风主编的著名文学期刊《七月》在上海创刊，并形成了以胡风为中心的“七月派”。

七七事变后的上海文学界，小说创作最有成就的当数丘东平。丘东平参加过上海的一·二八战役和八一三战役，他的作品以军人和军旅生活为主要描写对象，着力刻画爱国军人在同日军进行艰苦斗争中表现出来的坚强性格和英雄气概。他也是“七月派”的代表作家，主要作品有《第七连》《我们在那里打了败仗》《我认识了这样的敌人》《暴风雨的一天》《一个连长的战斗遭遇》等，这些作品均为抗战时期的抗战文学名篇。

《鲁迅风》与巴金的“激流三部曲”

淞沪会战失利后，中国守军于1937年11月12日撤离上海，上海的命运也发生了巨大的变化。上海一半的区域为日本侵略者所占领，另一半是美、英、法等国的“租界”，还在日军控制之外，形成孤岛的局面。这一局面一直维持到太平洋战争爆发，日本与盟国宣战才结束。

率先打破“孤岛”文学局面，恢复创作生机的是以鲁迅为代表的作家创作的精辟犀利、带有浓烈批判色彩的杂文。杂文篇幅短小，能反映现实社会中的各种矛盾、斗争以及人们思想观念的变化，具有强烈的时代性与政论性，又往往寓庄于谐，嬉笑怒骂皆成文章，因此成为“孤岛”这一特定历史时期格外兴盛的文学种类。

1939年1月，《鲁迅风》杂志的创办，它以继承鲁迅精神和鲁迅杂文风格为宗旨，强调以杂文为武器进行战斗。正如巴人在《鲁迅风》发刊词中所说：“生在斗争时代，是无法逃避斗争的。探取鲁迅先生使用的武器的秘密，使用我们可能使用的武器，袭击当前的大敌；说我们这刊物有些‘用意’，那便是唯一的‘用意’了。”

在《鲁迅风》的影响下，王任叔、唐弢、柯灵、周木斋、周梨庵、金性尧、阿英、巴金、王元化、宝文棣、吴弦远等人，都对杂文写作表现出相当高的热情。其中，王任叔撰写的杂文达数百篇，成为当时上海杂文数量最多、社会影响最大的杂文作家，主要作品收入《边鼓集》《横眉集》《生活·思索·学习》。其中，由王任叔等人合编的《横眉集》是“鲁迅风”的代表作之一。

这一时期在上海问世的中长篇小说有五十余部，题材除了直接表现抗战之外，多为反映“孤岛”上海市民现实生活的内容。巴金在“孤岛”时期创作的《春》《秋》与之前的作品《家》一起，组成了“激流三部曲”。《春》和《秋》也成为整个“孤岛”时期小说创作中最值得骄傲的成绩之一。此外，秦瘦鸥的《秋海棠》不仅是“孤岛”时期社会反响最大的通俗文学作品，而且是现代文学中极具影响力的作品之一。

以“纯文学”为掩护继续抗日创作

太平洋战争爆发后，日军进入租界，上海彻底沦陷。上海沦陷时期，文学一度萧条不堪。在日伪统治之下，留在上海的知识分子经受着政治与道德的考验，不同的生存状况和动机使他们分化为不同的群体，从事着不同内容的文学创作。有的用隐蔽的方式坚持与日伪抗争，有的则躲避政治只问风花雪月，还有的沦为了日伪的走狗。

在汪伪政府严格的审查制度限制下，上海经历了一段文学萧条期，之后远离政治的文学期刊开始慢慢得以恢复，以《古今》《杂志》《万象》为代表的文学期刊作为上海文学活动的载体开始发挥重要的作用。在文学期刊的引导下，通俗文学作家从文坛边缘走向中心，张爱玲、黄裳、苏青等人开始崭露头角。通俗文学的流行，成为这一时期上海文坛一道独特的风景。

与此同时，一些作家如王统照、柯灵、唐弢、李健吾、芦焚、郑定文、晓歌、罗洪等也都在通俗文学刊物上发表文章，以“纯文学”为掩护，坚持抗日爱国文学运动。另外，还有一批打入日伪内部、从事地下工作的作家，如袁殊、恽逸群、邱韵铎、关露等，以特殊的方式进行抗日爱国运动。

（本文选自《东方网》）

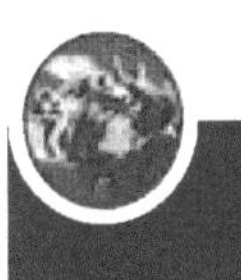

抗战初期江西抗日救亡文化运动中心——遂川

文／郭赣生

抗战初期的1938年至1940年，因地理位置、历史际遇，地处赣西南的山城遂川成为江西抗日文化救亡运动的中心。火红的抗战形势、群情激昂的抗战气氛，一洗井冈山革命根据地丧失后，国民党顽固派和萧家璧等地方恶势力高压统治下的沉寂。一大批有文化、有理想抱负、为中华民族解放运动不惜抛头颅、洒热血的爱国志士和热血青年从祖国的四面八方涌入遂川，开展轰轰烈烈的抗日救亡文化运动，在江西抗战史上书写了一段令人难以忘怀、绚丽多彩的抗战史诗。

1937年8月15日，日机首次空袭南昌后，江西省政府开始疏散市民和政府机关部分工作人员，并将重要档案疏散至遂川的邻县泰和。1939年3月，省政府南迁至吉安，同年底再迁泰和（直至1945年2月迁往宁都）。从1938年开始，省政府部分机关及一大批文化、教育团体纷纷迁至遂川。随着外来机关团体、学校及沦陷区大量难民的迁入，小小的遂川山城突增过万人口，空前的热闹，处处呈现一派火红的抗战气象。与此同时，不少省政府要员还将家眷安置在县城及郊区。时任江西省政府主席的熊式辉在1938年6月就把家眷迁至该县县城居住，并把其安义万家埠熊氏族戚的上百号人家安置在该县城郊的万石乡云岗村（今工业园区址）。熊氏族人还在该县创办仰公中学，以至在当地形成了一批以熊氏为核心、格外引人注目的“望族难民”。遂川县城虽小，但公路交通还算方便，省政府主席熊式辉把家眷迁至该县城后，不时有大小会议安排在此召开。小小山城，地位不凡，冠盖往来，盛况空前。江西省第一所国立大学（中正大学）就是在遂川召开会议决议创办的。《江西历史（民国卷）》载：“1939年春，熊式辉（省政府主席）以‘急需培植抗战建国之基本人才’为由，趁在重庆公干之机要去‘川中名流’研究江西兴办省立大学事，得到蒋介石等的支持，蒋介石特别拨给基金一百万元。熊返赣后，又于8月约集省内外学者到遂川商议，决定创办中正大学，并将商议结果报呈教育部和蒋介石批准。”

抗战初期雷洁琼（右一）在江西遂川

遂川是江西唯一推行“平民教育促进会”建设的实验县。1938年上半年，省地方政治研究会迁入遂川，这是最早到达该县的省政府机关，随同而来的还有一大批爱国民主人士。该会的主要成员雷洁琼（女）、马博庵、熊芷（女）、梁振超、管梅蓉（女）等，都是江西从外省聘请来的大学教授或博士专家，一般的研究员也是大学毕业的。省政府主席采纳一些社会活动家的建议，决定在遂川建立平民教育促进会实验县。遂川实验县的建设自然而然得到了省政府的大力支持。是年8月，省政府调任省政治研究会政治组组长梁振超为该县县长，并调该会的一些其他得力成员分任该县政府秘书主任、民政科长、户籍室主任、妇女指导主任等要职。组织了一套新县制的骨干人员，并在该县原有保甲制度的基础上迅速推行平民教育、平民自治实验。

县长梁振超当时是一位政治态度较为开明的民主人士，曾怀“革新政治、富民强国”之大志。为推行实验县的建设，他热忱欢迎各界民主人士、爱国青年到该县工作。实验县的号召力和县长的开明态度，吸引了一大批抗战文化团体和民主人士、爱国青年纷至沓来。尽管当时遂川的萧家璧、罗普权等恶霸势力强大，但有省主席的大力支持，梁振超的实验县建设开展得风风火火的。

抗日文化救亡运动省妇女指导处，是在遂川打响抗日救国宣传第一炮的省直政府机关。该处的主任委员管梅蓉，是县长梁振超的夫人，是位留美高级知识分子、开明人士。省妇女指导处还容纳了许多民主人士和爱国青年，如燕京大学著名教授雷洁琼和潘玉梅女士等。是年，在纪念九一八的六周年大会上，省妇女指导处在该县校场的土台上演出了话剧《血祭九一八》《放下你的鞭子》，合唱了《义勇军进行曲》《大刀进行曲》《松花江上》等抗日歌曲。这是遂川人民第一次听到的抗战歌声。它们是那么高亢和振奋人心，台下的青年学生、爱国人士也激情合唱，汇成一片歌声的海洋。此后，校场的土台上，就成了宣传抗日活动的中心，各抗日团体、机关、学校在此轮流演出。抗日话剧、大合唱、时事宣讲会等演出形式多样，抗日的吼声不时响彻遂川的上空。省妇女指导处在遂川活动最为积极，他们出色地做了三件事：一是利用该县原有的区、保、甲三级组织，层层举办城乡基层妇女干部培训班，培训了一大批当地抗日妇女干部；二是发动广大农村妇女参加支援抗战的宣传、捐献、慰问等活动；三是以支援抗战为中心内容，开展举办演讲会、文娱会、识字班、救护站等多种形式的集体活动，把足不出户的广大妇女推向了抗日救亡的前沿。

新华书店、抗敌后援会、工业合作协会，是当时遂川抗日救亡活动的三股主要力量。那时，在国统区的县城居然出现了新华书店，公开陈列出售革命书报，这在全省都是一件不寻常的事。在这里可以买到毛泽东的《论持久战》《星星之火，可以燎原》和鲁迅、高尔基等人的书籍。遂川抗敌后援会的抗日文化活动影响力也很大。该会是由省乡抗战团体的大学生组成，由从北京回赣的流亡大学生程台任总干事。该会吸引了众多的爱国青年，他们工作的一个重点就是组织大家画抗战画宣传抗日，他们的抗战画形式活泼、引人注目，很受老乡欢迎。

此外，省抗战巡回剧团二队、上海劳动妇女战地服务团、省推行音乐教育委员会和各学校的抗日宣传活动也各具特色，使遂川山城充满浓浓的抗日气氛。

井冈山革命根据地丧失后，中共遂川党组织遭受严重破坏。国民政府实验县的建设和大量知识名流、爱国青年的加入，给遂川带来勃勃生机，既推动了抗日文化的发展，也为当地中共党组织的恢复建立提供了难得的历史机遇。中共江西省委利用上层人事关系，秘密派遣湘赣特委李毓炎、省委宣传部陈训涛、刘烈人到遂川恢复组建县委班子，开展党的地下工作。1938 年 12 月，成立了遂川县临时工作委员会。次年 5 月，正式恢复中共遂川县委。党组织恢复建立后，形势日益向好，党员人数很快发展到近二百名，并建立了碧洲等五个区委。为把遂川建成全省独树一帜的实验县，国民党县长梁振超决定在遂川开办“抗日民众干部训练班”，大胆任命共产党员陈训涛、刘烈人等为县政府参议、抗敌后援会总干事、民兵大队指导员、区长等职。同时，为抗衡萧家璧、罗普权等地方恶势力的挤兑，应陈训涛、刘烈人的请求在各区设“指导员”一名，独立于区长，作为县政府的耳目，起上传下达的作用。这些身份合法的共产党员和爱国青年，在中共遂川县委的领导下，以公开的职业身份，团结遂川人民和各抗日团体，把抗日救亡活动推向更新的高潮。

1939 年底，梁振超辞去职务后，萧家璧、罗普权等恶势力勾结国民党，打击梁振超的实验县“新政”措施及抗日民主人士活动，革命形势急转直下。翌年始，省妇女指导处迁入泰和，新华书店被迫关门，外来机关团体纷纷迁出，实验县建设无果而终，遂川又重新回到国民党的黑暗统治。但毋庸置疑，抗战初期遂川轰轰烈烈的抗日文化救亡运动在江西抗战史上谱写了光辉的一页，令遂川和全省人民骄傲。

（本文选自《井冈山报》，有删节）

抗战文化　吹响冲锋号

文 / 郑光路

1937 年七七事变后，在中国共产党的领导下，成都迅速汇集起强大的宣传大军，为积极抗战、反对投降，激励和鼓舞抗战士气，发挥了巨大的作用。由此而形成的“抗战文化”是中国抗日战争极其重要的组成部分。

成都的抗战文化宣传活动蓬勃开展，文艺社团和抗战报刊十分活跃，堪称全国之冠；以话剧、美术、歌咏等文艺形式，共同发出奋起抗敌的强音，对挽救国家的危亡有着不可泯灭的贡献，影响深远。

车耀先——“努力餐”和抗日救亡刊物

车耀先（1894—1946 年），四川大邑人，早年在川军任团长，打仗时腿受过伤，被人戏称“车瘸子”。他于 1929 年加入中国共产党，这年岁末与友人集股在祠堂街开设了一家新书店——“我们的书店”，还在皇城坝三桥南街开了家“新的面店”，1929 年 5 月 30 日更名为“努力餐”。1930 年夏，努力餐迁到祠堂街一百七十二号。车老板性格爽快，曾笑呵呵地对人说：“我这是遵循孙中山的遗嘱‘革命尚未成功，同志仍需努力’，吃饭是为了革命。”

车耀先

抗战前成都流传有“要想到延安，去找车耀先”的暗语，中共地下组织只要喊声暗号“来一菜一汤”，餐馆便会为其提供免费餐饭。

1931 年至 1939 年，车耀先与朋友先后组织过不少文化教育类社团，如成都国语研究社、四川注音符号促进会、成都市中华基督教改进会、大声周刊社、中苏文化协会成都市分会等。车耀先与朋友们还先后主编、出版过《注音报》《改进》《语言》《大声》《大生》《图存》《中国与苏联》等报刊。

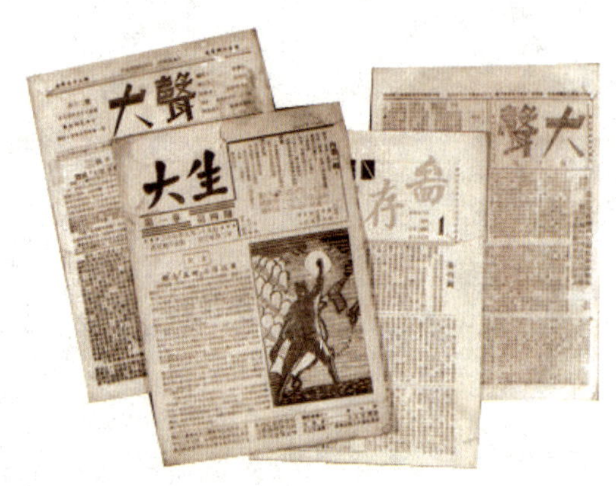

车耀先主办的进步刊物

1937年1月17日，车耀先创办《大声周刊》。他餐馆楼上的小屋，是周刊的编辑部。3月上旬的一天，四川大学学生韩天石、王广义在这间小屋向车耀先汇报了成都抗日救亡运动开展的情况。

1937年3月14日，车耀先等利用旧关系，借用川康绥靖公署顾问黄慕颜的黄氏家庙“什方堂”，成都零散的救亡文化社团民先队、海燕社、星芒社、力文社、群力社……在这里成立了“成都各界救国联合会”。韩天石（1938年后任中共成都市委书记）、康乃尔、周海文、蒋桂锐、甘道生等二十多人组成“执委会”。

《大声周刊》经常刊登毛泽东等中共人士的文章，公开宣传中共和八路军。《大声周刊》在1937年1月17日创刊后不久即被查封，后更名《大生》，又被查封。抗战爆发前三天，又用《图存》的名义出刊。到1938年8月13日停刊，共出刊六十一期。

抗战报刊——描绘战士英姿　控诉日军暴行

全面抗战爆发后，成都各种文艺社团和抗战报刊，如雨后春笋般纷纷问世。

1937年8月，四川大学陈思龄创办《金箭》文学月刊，刊物宗旨为：以文学之工作唤醒同胞，共匡大局。其后，周文、沙汀、任钧等左翼文化人合办《战旗》《战潮》。青年学生办了《火炬》《战时学生》。此外，还有《星芒周报》《救亡周刊》《通俗文艺》《抗日先锋》《抗敌周刊》《群众周刊》《惊蛰》《文艺后防》《大众壁报》《戏剧战线》《文艺创作》《新时代》《抗战星期刊》……这些刊物的编辑和撰稿人，很多是中共党员。

1938年3月，“中华全国文艺界抗敌协会”（简称“文协”）在武汉成立。1939年1月14日，成都文化界最重要的组织“文协成都分会”，在文协总会领导人老舍和冯玉祥将军来成都之际成立。选出周文（共产党在川康文艺界的负责人、后任重庆新华日报社副社长）和熊佛西、叶麟、李劼人、陈翔鹤、谢文炳、罗念生、萧军等十人为理事和候补理事。文协成都分会是包括文学、戏剧、音乐、美术四种门类的统一战线的群众组织。

崇德里南接红石柱横街，北至中东大街。1925年，商人王崇德在此买下大量地皮建屋，故取名崇德里。抗战后著名作家李劼人在这里创办嘉乐纸厂成都办事处，“文协成都分会”就长驻此处。1939 年 2 月 16 日，崇德里开始出版会刊《笔阵》，叶圣陶、牧野任主编，李劼人、萧军也参加具体办刊。《笔阵》成为抗战时期中国最有影响的文艺刊物之一。

演艺界——激发民众　共赴国难

1937 年七七事变当天下午，天明歌咏团在西丁字街成立，团员们激愤地走上街头游行、高唱……这是全省乃至全国行动最快的群众性抗日救亡团体，由中共党员陈克琴、陈伯林负责。

成都各界紧急行动，建立了许多宣传组织，著名的有群力剧社、成都戏剧抗敌协会、天明歌咏团、工人宣传团、工人晨呼队、星芒乡村宣传团、旅外剧队、抗敌剧团、四川漫画社……

学校内影响较大的组织前后有四川大学剧艺社、戏剧研究会，华西协合大学天竺剧社，华西坝五大学战时服务团，燕京大学海燕剧团；协进中学宣传队，成都小学教师力生歌咏团，中小学“战时儿童歌咏团”……

1937 年 8 月 26 日，四川省各界抗敌后援会（简称“省抗”）的抗敌歌咏团成立。省抗是共产党员韩天石等同国民党四川党部共同组织的，但基本上由中共人士领导。

成都少城公园（现人民公园）内的市立民众教育馆，是开展各种抗日宣传的重要阵地，宣传讲演、歌咏活动、戏剧、绘画、抗战体育比赛……天天不断。街头剧、话剧等也迅速出现在成都大街小巷，演出《放下你的鞭子》《古城的怒吼》《九一八以来》《打鬼子去》……

9 月 1 日至 6 日，以省抗为首组织的“抗敌话剧宣传周”，在大光明电影院内演出由夏衍等编剧的大型话剧《保卫卢沟桥》。仅 9 月 1 日就有三四千人到场观看，剧场座无虚席。

成都文化演艺界从抗战一开始，就以“激发民众，共赴国难”为响亮口号，成都市各影院、剧场热烈响应，仅 1939 年 11 月为前方抗战将士义演，献金高达 958.8 万元之多。

明星赴川——成都成为话剧中心

全面抗战爆发后，四川成为中国电影业的中枢。

上海“影人剧团”全团三十六人，有谢添、陈白尘等二十四位电影界男明星；十位结义为“十姐妹”的女影星，其中“大姐”吴茵二十九岁，白杨是“九妹”。1937 年 11 月，影人剧团风尘仆仆到成都，在当时最豪华的总府路智育电影院（现为王府井百货大厦）献演《卢沟桥之战》等四部抗日话剧，盛况空前。

1938 年 2 月 13 日，成都举行“国际反侵略周文化日”活动。午后 3 时在祠堂街开大会，会后，赵丹、章曼等演出《放下你的鞭子》，顾而已、白杨等演出《我们大家一条心》。晚 7 时开始举行万人火炬大游行……成都新闻界赞颂这次活动“揭开了救亡高潮的序幕”。

1935 年在山西太原成立的西北影业公司，1938 年迁到成都灯笼街九十二号，先后完成了《华北是我们的》等抗战纪录片，还有故事片《风雪太行山》（谢添主演），冼星海谱写的《在太行山上》随着影片风靡海内外，成为著名抗日歌曲。

由于抗战期间胶片奇缺，大批影人转向话剧舞台。抗战时期，来成都演出的剧团有四十多个，演出话剧一百六十多部。著名导演有应云卫、贺孟斧、熊佛西、沈浮等，著名演员有白杨、赵丹、舒绣文、施超、谢添等。当时成都发行的专门报道、评论话剧的刊物达十多种，成了中国话剧活动的中心。

绘画、雕塑——抗战美术绚丽多姿

全面抗战爆发后，徐悲鸿等不少外省美术家来到成都。成都美术社团“群雄并起”：成都美协、四川美协、四川漫画社、成都抗战木刻分会、现代美术会……

抗战版画、漫画在成都尤为兴盛。四川漫画社在七七事变后很快成立，重要人员有张漾兮、谢趣生、乐以钧、苗渤然、车辐等十七人。抗战爆发不久，张漾兮等就在成都街头展出了三幅集体创作的大型彩色抗日宣传画。第一幅《日寇到处无净土》，悬挂在总府街商业场口；第二幅《有力出力、有钱出钱》，号召后方同胞支援抗战，悬挂在少城公园门口；第三幅《平型关大捷》，摆在春熙路孙中山铜像前。成千上万的市民驻足观看，宣传效果极好。

成都籍版画家张漾兮画作水平高、数量多、影响大。谢趣生则探索出“诗配画”的新形式，如《劝夫从军》配诗“你不当兵不嫁你，留你一世打单身”“谁说好铁不打钉？好男就是要当兵；这回若是逃兵役，羞死你的祖先人”，语言通俗诙谐，图画生动。

徐悲鸿画了《国殇》《山鬼》《祭青海》《湘君》等画作，呼吁抗战的爱国之心。1938 年 10 月，他在印度等国举行画展，所得金额约十万元，归国后全部捐出用于抗日救亡。

张大千二哥张善子画有《苏武牧羊》《精忠报国》《文天祥正气歌图》等。1938 年底，张善子带着他和张大千的八十余幅作品，赴欧美各国展出，宣传抗日救亡，募得一百余万元，全部捐给抗战事业……成都国画界以此为楷模，创作了大量抗战题材的国画作品。

1938 年 8 月，王大化、张漾兮、张凡夫、王朝闻等筹备成立“中华全国木刻界抗敌协会成都分会”，在成都举办了三次抗战木刻展和义卖。

成都抗战时期的纪念碑雕塑，则成为中国现代雕塑的重要里程碑。

1939 年初，雕塑家王朝闻创作泥塑——汪精卫和陈璧君汉奸夫妇跪像。后来泥塑被翻铸为铁像，长期陈列于少城公园民教馆前，任人唾骂。

雕塑家刘开渠夫妇也在 1938 年底迁居成都。抗战时期成都市区共立了十座铜像。

（本文选自《成都日报》）

另一种抗战

——记抗日救亡运动中的文化演艺界名人

文/张 琴 周 凯 王晓磊 赵宇航

从来没有一个时期、一个城市承载了如此多的大家，诞生了如此多的名作名篇；也从来没有一个时期、一个城市会集了如此多的明星，放弃锦衣玉食的生活，几乎不求回报地积极演出……国家危难之际，他们都来到山城重庆，用满腔愤怒与热情投身到抗日救亡运动之中。

1937年10月15日早上7时30分，民生公司“民贵号”客轮缓缓停靠在重庆朝天门石磨儿码头。白杨等上海影人剧团三十六位明星相继下船，成为第一个抵渝宣传抗日救亡的演艺团体。随后，大批演艺界人士相继来到大后方重庆。

1938年，曹禺、张恨水、老舍、郭沫若、梁实秋和茅盾先后来到重庆。随后的两三年内，阳翰笙、巴金、冰心、夏衍、艾青、胡风、柳亚子、田汉、吴祖光和臧克家等相继抵达。

在山城重庆的蓬门陋巷和山程水驿中，这些名字熠熠发光的文化演艺界人士，也用最大的热情与付出将名字镌刻进抗日救亡运动的史册。

天官府四号是郭沫若的居所，听上去气派，实际是被日机炸得露出墙面、竹篾的陋室，书柜是用废弃的木头、弹药箱摞起来做成的。1942年1月中的五个夜晚，郭沫若在此完成了五幕历史剧《屈原》。

郭沫若历史剧《屈原》剧照

5月，由此改编的话剧在重庆国泰大戏院首演。导演陈鲤庭，金山饰

屈原，白杨饰南后，张瑞芳饰婵娟，顾而已、孙坚白、施超等人参加演出。

每场开演前，买票队伍排出数百米，甚至有人半夜带着凉椅到剧院门前等候售票，还有人从成都、贵阳和桂林赶来看戏。独白《雷电颂》传诵一时，重庆大街小巷，到处可以听到有人朗诵台词："爆炸啊，你从云头滚下来吧！"就连人力车夫与警察发生冲突时，也会喊出这句话。

国家危难的局势和窘迫的生活环境，更加激发了文人们的创作热情。老舍在重庆创作《四世同堂》时，因为只有草纸，每天必须研墨才能写作，从济南带出的衣箱已经变卖一空；冰心以日机轰炸重庆为题材写出了《鸽子》，讲述的是骗女儿日机投弹声是一群带响的鸽子的故事；曹禺创作反映抗战现实的话剧《蜕变》，连演二十八场，场场满座，由他改编的话剧《家》演出八十六场、观众近九万人次，是重庆当时人口的十分之一；胡风住在牲口棚改建的破房里，却积极复刊《七月》宣传抗日；夏衍在文委会客室楼板上铺席而卧，在8月酷暑中写就《法西斯细菌》，连演七天轰动山城，他还代理《新华日报》总编辑一年；阳翰笙患有疟疾、肺炎、胃病，却创作出《天国春秋》和《草莽英雄》等，宣扬现实战斗精神；巴金创作了《寒夜》和《憩园》；茅盾创作了《白杨礼赞》和《清明前后》……

曾经锦衣玉食的上海电影明星们也积极投身抗日救亡运动中，即使吃不饱、穿着寒碜，也没有降低他们的热情，甚至还走上街头为民众公演宣传抗日。

"上海电影明星在重庆街头演戏"曾经成为山城头号新闻。由赵丹、白杨等人主演的《放下你的鞭子》就是其中一部。有时日机来袭的警报刚刚解除，他们就在街上找个宽敞地方，敲锣打鼓吸引市民观看。

1937年10月，《卢沟桥之战》在重庆国泰大戏院的第一次演出，当台上喊出"我们为全民族而战"，台下无论官员、商人、军人、学生都齐声大喊"打倒日本帝国主义"的口号来响应。

当时，演出绝大部分收入捐给前线，每场演出几乎都有"名目"，如"捐滑翔机""为前方将士"等。1938年10月，日军展开了大规模进攻，大后方民众掀起了支援前方的募捐高潮。重庆影剧界决定上演《为自由和平而战》，预计募集五万元制作衣服五万件送去前线。演出的普通券为一元、两元、五元、十元，荣誉券更高达五十元、一百元、五百元。十元是当时一般公务员一个月伙食费的三倍多，五百元相当于十两黄金。普通券被一抢而空，荣誉券也有许多人购买。重庆市银行同业会主席康心如一次就拿出两万元购走多种荣誉券。

与此同时，大明星们却过着非常窘迫的生活：演员们睡的是小茶馆改造的中华剧艺社宿舍里的通铺，吃的是掺着沙子、石子和老鼠屎的平价米"八宝饭"，三年买不起一双新鞋……为了生活，赵丹曾翻墙到租界里捡拾食品和毛毯。秦怡一年四季只有一件夹旗袍，冬天塞棉花进去，春夏取出。许多人工资微薄，还要抚养孩子，“每天只能吃一个烧饼”。

抗战时期，重庆一共公演了二百四十多出话剧。国泰首演的话剧中，留下许多传世之作：郭沫若的《屈原》、曹禺的《蜕变》、夏衍的《法西斯细菌》、陈白尘的《结婚进行曲》、老舍的《面子问题》等。

1945 年 8 月 9 日晚 8 时，重庆中央广播电台正式播出日本投降的消息。张瑞芳和金山夫妇跑出家门，随着激动的人群涌向市中心。远远地，金山看见个子不高的赵丹在人群中“像篮球一样蹦跳”，两人抱在一起，连跳舞带转圈，来到国泰大戏院门口。继续跳，继续转，直到赵丹撞倒戏院门口一个玻璃柜台，屁股被划了一道口，流血不止送医院，这场“疯狂”才停止。

当日重庆发行的《新华日报》头版大字标题：“日本投降矣！”总编夏衍 10 日完稿时，天已放亮。他心潮起伏，感慨地说：“日本投降了，哪怕明天‘翘辫子’都值了！”

（本文选自新华网）

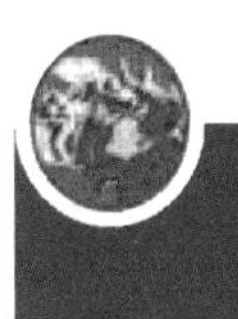

七十七年后的沉思

——回忆抗敌剧社

文／胡　可

在卢沟桥事变过去了七十七年的这个夏天，我的心情一直未能平静。作为经历过那场战争的人，不时处于对往事的回忆当中，不时想起战争中的一些经历：想起战争年代牺牲的同志；想起反“扫荡”中朔风呼啸的山野和冰冻的溪流；想起遭敌寇焚烧的房屋和哭叫着的孩子；想起当年的宣传使命和搭台、拆台，化装、卸装的演出生活；想起疲劳的夜行军；想起清晨走进炊烟四起的村庄和房东大娘的爱抚与照料；想起同志间相濡以沫的情感和文思激荡的青春岁月……

啊！我的死去多年的战友！我的誓言，我的承诺，我的向往！那时的“梦”是抗战胜利。那时国破家亡的感受是具体的，抗战胜利是什么样子则无从想象，甚至也不知道自己能不能见到抗战胜利，更不要说想象中华人民共和国是什么样子、社会主义是什么样子……

1937 年抗日战争全面爆发以后，由工农红军改编的八路军，其一一五师取得平型关大捷，之后由聂荣臻同志率领一部分人员留下来，开始在太行山北段山区创建敌后根据地晋察冀军区，并沿袭红军传统，由四名红军宣传员吸收当地几个中小学生成立了一支宣传队，负责在墙壁上刷写标语、教唱抗战歌曲和向群众作口头宣传。新年前，宣传队和军区政治部的活跃分子联合编演节目召开晚会，第一次在阜平城内庙前戏楼上演出，挂起了缝有“抗敌剧社”字样的大幕。演出的时间是 1937 年 12 月 11 日，名义是纪念广州暴动十周年、西安事变一周年和欢迎从北平郊区来投奔八路军的一支抗日游击队。宣传队把这一天定为剧社的诞生日。

当年，我是坐在台下看戏的一名小游击队员。几个月后，我从军区军政学校毕业，被分配到军区政治部宣传队成了一名宣传员，成为抗敌剧社诞生的见证人。

当年的工农红军在敌军包围中生存、作战，没有粮饷，更谈不上文化生活。官兵识字的不多，时事教育、活跃部队、鼓舞士气，离不开文艺宣传，因此重视文艺宣传成为红军的传统。宣传队员要懂些革命道理，要有点文化，因此在作战频繁的环境下，宣传队也是培养和储存干部的地方。不少同志从宣传队调出去当了指导员、参谋、干事，能唱歌、演戏、编节目的就留下来成了文艺骨干。抗日战争全面爆发后，大批知识青年奔赴延安和各敌后根据地，八路军、新四军的文艺队伍随之壮大，并因斗争的需要，有些同志学会了编写曲艺、戏剧，作词和作曲。那时创作都是急就章，演过就扔，并不保存。我们把这种明确的宣传目的和突击作风视为红军传统。那时也没有发表作品的观念，演出就是发表，因此也没有人觉得自己是作家。中华人民共和国成立以后被人称为作家，还挺不好意思。

最初宣传队的任务还包括写标语和向老乡作口头宣传，后来政治部有了民运部门，演出晚会也无须机关干部参加，宣传队也就成为名副其实的演出团体。1939 年，抗敌剧社已经演出了自己创作的大型剧目，并与兄弟剧社举行了会演。当时抗日战争已进入艰苦的相持阶段，在华北的穷乡僻壤，在频繁的"扫荡"与反"扫荡"环境中，晋察冀根据地竟举行了两届艺术节，抗敌剧社还演出了《日出》《雷雨》这样的"大戏"。

1941 年 12 月，"太平洋战争"爆发。日军战线拉长，为确保华北后方，在其占领区实行"强化治安"，并加紧了对我根据地的封锁。我军则针对其后方空虚，展开"对敌政治攻势"。1942 年春，抗敌剧社曾派出几支精干的演出队，在地方武装掩护下深入敌占区进行秘密演出，向敌区人民包括敌伪亲属宣传"日军必败、我军必胜"的道理。同志们昼伏夜出，短暂封锁演出村庄，演完迅速转移，同时大家也都做好了流血牺牲的准备。这种拼着性命进行的演出活动，以前未曾有过，以后也没有出现过，应是敌后文艺工作者特有的经历。活动的后期，我们的一支演出队遭到敌人包围，突围中方璧同志牺牲，崔品之同志被俘后遭敌杀害，胡朋同志负伤。崔品之和方璧都是剧社文学组的成员，崔品之写的歌剧《弄巧成拙》，由徐曙作曲，成为剧社极受欢迎的剧目，多年后还被人传唱。方璧和胡朋都是女同志，胡朋后来成为我的妻子，与我相伴一生。

当年剧社的文学组一共十个人，有四个人在战争中献出了生命。继崔品之、方璧之后，吴畏同志牺牲于次年的反"扫荡"中。吴畏是大学生，曾扮演过《日出》中的方达生、《雷雨》中的周萍，曾写过《桃渠放水》《人去楼空》《老白猫》等剧本，他是在一次突围中被敌人的刺刀刺进胸膛牺牲的。另一位是极有才华的小同志赵鹏，牺牲在保卫延安的清涧城下。

今天，“对敌政治攻势”“反‘扫荡’”“保卫延安”都已成为历史名词。啊，我的已经离去七十年的战友！我们这些活下来的人在替你们接受人们的馈赠和荣誉。

回想剧社走过的道路，回想那时的同志关系和极好的工作作风，自然会想到带领我们的几位领导人，他们的人品、作风直接关系着剧社作风的形成。丁里、刘佳、黄天、侯金镜，他们都是刻苦勤奋的文艺家，一直跟大家同甘共苦，一起演戏，一起行军，一起学习，一起劳动，不搞特殊而深受大家信任。他们都是廉洁自律、羞于自夸的老实人。刘佳性格刚正，吃苦在先，为保护同志宁背“抗上”之名，职务屡受压制。丁里才华出众，文音美剧都有成就，被周总理指定为《东方红》大歌舞总导演。这里不能不提到牺牲于战争年代的剧社副社长、老戏剧家黄天，他是最早的左翼戏剧家、陕北公学流动剧团的团长，华北联大文艺学院组建后，任联大文工团团长，来到敌后即调到军区宣传部，分工主管部队文化工作。1940 年以后抗敌剧社的工作都是在他的直接安排下进行的。1943 年他调任抗敌剧社副社长，旋被派往斗争最严酷的冀东地区开展工作，任尖兵剧社社长，曾深入长城内外无人区，创作了《地狱与人间》等剧本，后为掩护剧社同志们转移而壮烈牺牲，牺牲时距日本投降仅一个月。当时举国欢腾，他的社员们却失声痛哭。他的贡献、人品和崇高威望，我们是在若干年后才渐渐知道的。

一个人在后人心中的地位，和他生前的职务、级别毫无关系。丁里、刘佳、侯金镜、黄天，他们去世时的职务、级别，甚至低于他的部下、学生和晚辈！

回顾战争年代抗敌剧社走过的道路，常常想是否该用我们比较熟悉的戏剧、影视的形式，描写一下我们逝去多年的战友作为纪念呢？而这是我们亲身经历的最为熟悉的生活。中华人民共和国成立六十余年，一直尚无此类的戏剧、影视作品出现（几年前出现的戏剧《天籁》，是写红军宣传队的，算是开了个头）。描写国统区戏剧工作者的，电影有《八千里路云和月》，戏剧有《最后一幕》，而描写八路军、新四军文艺工作者的，至今还是空白。其原因，想来想去在于我们自己从未把文艺工作者自身的战斗生活列入工农兵斗争生活之内。文艺工作者要同工农兵相结合，要改造自己的思想感情，因而认为自己不属于工农兵。中华人民共和国成立后，尽管有“百花齐放”的方针，也无人想尝试写写自己最熟悉的此类题材。其实，人人都在斗争生活中改变着自己，思想改造和斗争实践本来是相辅相成的。岂只是文艺工作者，在过久了和平生活的今天，在实现强国梦、强军梦成为大家内心追求的今天，写写战争年代文艺工作者经历的一切，也是十分必要的。

（本文写于 2014 年 9 月，选自《中国艺术报》，有删节）

绥远文化界抗日救亡：文艺和教育为武器

文／辛永红

九一八事变后，东北和内蒙古东部地区不到三个月就沦陷了。地处内蒙古西部的绥远，成了日本侵略者觊觎的下一个目标。在国难当头、民族危亡之际，绥远文化界的进步人士、爱国知识青年，以文艺和教育为武器，唤起民众，投身抗日救亡的热潮。

以文艺为武器

1933 年冬，绥远中山学院学生、绥远反帝大同盟盟员武达平（中共党员）、任子良等，发起组织了绥远第一个文学团体——塞原社，每周出版一期墙报。在绥远新闻社记者袁尘影、进步教师李穆女的帮助下，塞原社成为团结爱国青年，对进行抗日救亡斗争有影响的文学团体。1934 年 8 月，在《绥远国民日报》副刊主编、著名记者杨令德的支持下，塞原社在《绥远国民日报》副刊开辟了“塞原”专栏，发表反映抗日救亡、抨击社会黑暗的文艺作品，如武达平的新诗《洋车夫》、章叶频的新诗《愿你做一个新时代的女性》《光明在前》等；还发表追求真理的散文、小说、外国文艺作品等。《大公报》著名记者徐盈也为专栏撰稿。12 月，“塞原”第二十二期出版了新诗歌专号。到 1937 年 1 月，共出版五十期，“塞原”成为名副其实的宣传抗日救亡的文艺阵地。

1936 年 4 月，塞原社成立了塞原新诗歌研究会，组织爱好诗歌的进步青年，讨论新诗歌的发展方向，发展会员，指导创作。章叶频主编的《塞北诗草》旬刊，发表了杨植霖（笔名雨三）、韩燕如（笔名劼子）、刘洪河、西虹、克敏等青年的大量文学作品，山东诗人王亚平也寄来诗作。在绥远抗战中，发表的作品更加富有战斗性，如雨三的《杀他个斩草除根吧》、劼子的《打回三岛去》（日本本土三个岛）、章叶频的《前进，英雄抗敌的兄弟》《怒吼吧！不愿做亡国奴的人们》等。其中陈一之的《谁说好人不当兵》，呼唤人们摒弃厌恶旧军队欺压百姓的想法，号召青年当兵报国，保家卫国。其中两节写道：

谁说好人不当兵，
那么他一定是个糊涂虫，
在敌人侵略的下面，
已经不许我们做书生。
讲什么道德，
读什么经书，
只有战斗才能换得真正的和平。
谁说好人不当兵，
那他一定是别有用心，
叫我们都变成弱者，
好供他们宰割和欺哄。
讲什么礼让，
说什么镇静，
不是吧，已经断送了我们的东三省！

“塞原”和《塞北诗草》深受广大爱国学生的欢迎，被誉为“绥远文坛的巨星”。

1936年3月，章叶频、袁尘影又创办了绥远最早以女性运动为主题的刊物——《新女性》。1936年4月，由归绥中学校长霍佩心和杨令德、袁尘影、章叶频、武达平、胡燕丘、郭良才等创办的文学半月刊《燕然》，引起轰动。

1937年3月，应绥远省政府之邀，人民音乐家吕骥从上海来绥参加抗战救亡运动。吕骥在绥组织各界爱好音乐的青年，成立业余歌咏队，亲自教唱救亡歌曲。歌咏队先后学会了《义勇军进行曲》《青年战歌》《救亡进行曲》《新的中国》《民族解放进行曲》《牺牲已到最后关头》等二十多首救亡歌曲。歌咏队在九一八纪念堂（今呼和浩特市工人文化宫旧址）演唱的救亡歌曲，激发了观众“国家兴亡，匹夫有责”的爱国热情。

同年5月，上海左联负责人任白戈莅临绥远，和塞原社武达平、霍佩心等人，一起筹备成立绥远文艺界抗敌协会（以下简称“抗协”）。他们召开了大型文艺恳谈会，绥远文艺界五十多位知名人士出席，探讨绥远文艺界目前的任务和方向，确定了由塞原社、燕然社、小喇叭等七个文艺团体组成绥远文艺界抗敌协会筹委会。5月30日，在土默特高等小学校礼堂召开了成立大会。会上，霍佩心代表筹委会宣读了抗协的宗旨，即以协作精神，实现绥远文艺界的联合，提高人民抗日救亡的觉悟，推动救亡运动。大会决定通过发行刊物，把祖国边疆抗战救

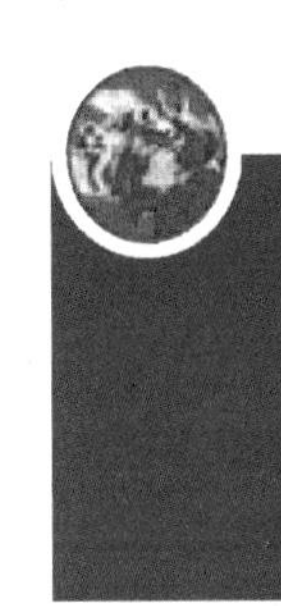

亡的消息传送给内地人民，将内地的消息介绍给边疆人民。决定把半月刊文艺杂志《燕然》作为抗协的会刊，以更贴近抗日救亡的内容，以崭新的文风，为绥远抗战擂鼓助威。大会选出由二十一人组成的抗协理事会，理事会定期召开文艺界座谈会。

以教育为阵地

1933年，具有爱国思想的绥远开明人士李致方，在归绥东郊大青山脚下的腾家营村，创办了一所别具特色的名言小学。当人们路经这里时，校墙上醒目的标语立刻映入眼帘："读书不忘救国，劳心与劳力相结合""收复失地，誓雪国耻"。

李致方聘请共产党人和进步知识青年到校任教，学校办得生机勃勃。归绥东郊腾家营村贫苦农民家庭出身的刘洪雄，1926年在太原国民师范求学时加入中国共产党。1927年，党派他在北京门头沟煤矿开展工人运动，1933年春在东北义勇军和察哈尔民众抗日同盟军任职。1934年春因受伤回家休养，被聘到名言小学任教。刘洪雄在校期间以出色的工作，取得李致方的信任，担任学校的负责人。他聘请大革命时期的中共党员王建功和进步知识青年王英杰、胡泽润等到校任教。为了扩大招生范围，解决贫困生的困难，学校一方面免收学费，另一方面在保合少村周围的滕家营、讨思浩、塔利、黑土凹、奎素、毫沁营六个村庄开设了分校，聘请中共党员杨植霖任分校巡回教师。

名言小学在刘洪雄的主持下，采用我国教育学家陶行知先生倡导的"生活即教育"的理论，注入了抗日救亡的教学内容，进行了一系列教育改革。教学内容的改革包括：废除了四书五经，采用白话文课本，兼学农民适用的《老少通》《平民千字文》；开设时政课，讲授抗日救亡的道理。鼓励学生参加社会实践：实行小先生制，组织儿童服务团，使学生在社会实践中增长才干。要求各年级学生将每天所学内容，放学后向家人和邻里传授，学校定期抽检考核。教学时间采取"农闲多学，农忙少学"，假期参加生产劳动。高年级学生帮助村里开办农民夜校，代上识字课，讲解抗日救国的道理。增加课外活动：实行军训和军操制，操后召开讲演会。每周举行一次故事会、文艺晚会、生活检讨会，使学校生活生动活泼。

这些改革使学校办得生机勃勃，深受少年儿童和广大农民的欢迎，争相送子女就读，学生最多时达七百多名。学校师生不仅把抗日救亡的道理普及到家家户户，还带领农民与国民党乡村政权进行抗租、抗税、抗丁的斗争。

在名言小学的熏陶和培养下，朴实的农家子女思想进步很快。不少学生走上了革命道路，有的还光荣地加入了中国共产党。仅腾家营和保合少两村，就有彭光华、王智德、刘璧、李天才、王之的、张旭等二十多名学生入了党。在抗日战争和解放战争中，他们积极投身于党领导下的地下斗争，为大青山抗日游击根据地的革命斗争作出了贡献。

（本文选自《北方新报》）

青年学生组建“复社”宣传抗日救亡

文／侯县军

1919年反帝爱国的五四运动，广大青年学生用忧国忧民、积极创新、探索科学的姿态，率先参与拉开中国新民主主义革命的序幕。五四运动想要解决的是民族危亡的问题。1937年抗日战争全面爆发，广大青年学生心中的五四精神被点燃，积极奔走在抗日救亡运动一线，挥洒青春热血。

相关史料显示，在全面抗战爆发后至1938年10月，惠州、广州沦陷期间，惠州的青年学生、年轻知识分子，在惠州城乡开展抗日救亡宣传运动。以加入“惠阳各界抗敌后援会”“惠阳青年抗日先锋队”，以创办“复社”（取“收复国土，复兴中华”之意）、抗战文学刊物《战魂》等形式，表明惠州青年反日爱国的姿态，书写青春之歌。

高唱抗日救亡歌曲　向群众宣传抗日救亡

1937年七七事变后，全面抗战爆发。随着全国人民抗日联合统一战线的形成，一个个波澜壮阔的群众抗日救亡运动席卷全国。素有“岭东雄郡”之称的惠州，也掀起了“工农兵学商，一齐来救亡”的抗日救亡运动高潮，热血青年的表现尤其抢眼。

黄埔军校惠州市同学会会员苗文缎曾在《抗战初期惠州中学的复社读书会》（收入《惠城文史》丛书之三《永不忘却——纪念抗战胜利60周年》）一文中记述道：当时，惠州的中小学校学生，在旅省的大、中学生回乡宣传队的发动协助下，先后停课，组织抗日宣传队，进行抗日示威大游行，在城里和郊区开展轰轰烈烈的救亡宣传活动。学生们举起队旗，手拿三角彩纸旗，有的还打着洋鼓，在城内的汽车站、码头、中山路、大街广场和郊区下角、龙丰、河南岸、东平等地，通过讲演、街头剧、喊口号、唱抗战歌曲、贴标语和墙报等形式，痛斥日军侵略罪行，向群众宣传抗日救亡。

“‘东江最高学府’的省立惠州中学（惠阳高级中学前身）的学生们不再沉默了！”市第六中学已故教师黄定国在《抗日战争时期惠州学生的抗日救亡运动》（收入《惠城文史》丛书之三《永不忘却——纪念抗战胜利60周年》）中记述道，1937年8月，该校留省的校友李康寿、叶汉生、黄焕秋等中学大学毕业生，返乡协助发动惠州城内各中学的学生开展抗日救亡宣传活动。省立惠中学生自治会率先行动，号召全校同学停课两周，组织抗日示威大游行，派出宣传队上街。惠阳一中、县立女子师范学校、棕山中学等校的学生接着响应，统一行动。一时间，惠州府县两城的通衢大道、车站、码头等出现学生宣传队的活动。他们在街头高唱《义勇军进行曲》《全国总动员》《保卫中华》等抗日救亡歌曲，散发传单《告各界群众书》，发表演说、表演街头剧。当时大街小巷的每个角落都回荡着振奋人心的歌声，形成强烈的抗日救亡声势，把沉睡的惠州城唤醒了。

组建“复社”读书会　募款劳军查缉汉奸

这些热血青年，不仅在宣传，还在“实战”。据苗文缎记述，1937年10月间，省立惠州中学高二甲班，响应学校学生自治会号召，支持抗日宣传活动，率先把班会称为“复社”，组织读书研究会，苗文缎是其中一名会员，会员还有谢国樑、余允良、梁日平、黄玉千、裘同愉、陈光通、尹培根、刘质卿、林炳镛、徐锦福、谢世锦十一人。“复社”读书会的正常活动日在星期天，白天的活动形式和内容有：个人阅读书刊，会员作时事分析、学习心得汇报与讨论，学唱歌曲，后来增加学习及排练短剧，编写复社墙报。一个月后，读书会的活动，引发了其他同学的兴趣并加入，提高了惠州学生为抗日救国而读书的认识。

1938年初的春节期间，在省立惠州中学学生自治会的安排下，“复社”的同学参加城里的宣传活动，在惠城中山公园晚会上表演合唱节目，在环城西路、平湖门外演讲、唱歌、贴标语及墙报，“复社”的影响力也扩散到校外。

1938年上半年，惠州学生抗日救亡运动达到了高潮，省立惠州中学的学生是运动主力。该校的学生自治会作为惠州学生的社团代表，联合各界社团组织了“惠阳各界抗敌后援会”。在林维熊、林永玫、张振强等“惠州留省大学生回乡服务队”成员和当时以公开身份留惠的共产党员谭家驹、彭泰农、赖少其等的指导、协助下，“惠阳各界抗敌后援会”以省立惠州中学的学生为主力，开展了声势浩大的抗日救亡宣传、抗日献金、募款劳军、抵制日货、查缉汉奸等活动。

黄定国记述，学生们还组成若干宣传队，每队十余人，开赴博罗、河源和惠阳县属淡水、平山、多祝、平海、横沥等圩镇开展救亡宣传，他们凭着一股强烈的爱国热忱，一切困难都阻挠不了他们，没有活动经费就自筹。

不拿报酬编印《战魂》 表达爱国抗日心声

到了1938年下半年，省立惠州中学学生大规模巡回宣传活动告一段落后，又涌现出一支颇有战斗力的文学宣传队伍，活跃在抗日救亡的文化战线上。当年7月，该校应届毕业生、一批原学生自治会刊《号角》的编辑，刚刚走出校门，便满腔热血地创办了战魂文学社，取得了多方面人士的支持，出版16开的旬刊《战魂》。以主编梁海南为首的一批采编人员，为刊物撰稿、编辑、筹款、出版、发行而终日辛劳，却不拿报酬。

黄定国记述，《战魂》第一期和第二期在惠州印刷，发行量每期三四百份。后来该刊得到当时驻惠的中央社特派随军记者肖莫寒赏识，由广州大中印刷厂承印，第三期起扩大版面，发行量陆续增至约一千份。由于刊物编辑者是一群尚未涉世而满怀爱国热情的青年，发表的文章立论公正，敢说出人们不敢说的话，从而博得了读者的欢迎。后来，该刊物第十五期因刊载了《青年运动的方向》一文，引起了国军第四战区保安司令部的震怒，被勒令停刊。《战魂》虽然仅仅出版了十五期就“夭折”了，但它毕竟是当时东江一带唯一的抗战文学刊物，响应了“抗日民族统一战线”的号召，表达群众爱国抗日的心声，对当时本地区青年学生和社会知识分子阶层有一定的影响。

1938年10月，惠州、广州相继被日军攻陷。惠州的热血青年学生和年轻知识分子的命运突遭波折，在结束了抗战前期的抗日救亡活动后，有的转入了军校，有的加入了第四路军政治部宣传工作队，有的参加了青年抗日先锋队，分赴各个战场，为洗雪国仇家恨，再度挥洒青春。

（本文选自《东江时报》）

《抗战日报》扛起救亡大旗

口述／杨新正　　整理／张浩森

《抗战日报》诞生于一·二八纪念日

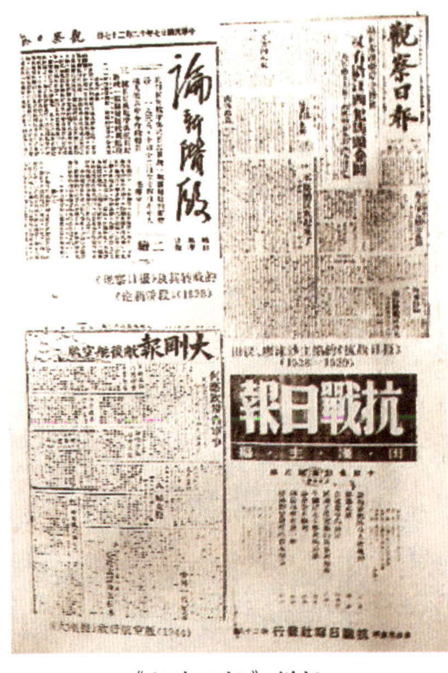
抗戰日報

《抗战日报》样报

1937 年卢沟桥事变后，中共中央即号召全国人民为实现抗日民族统一战线而斗争，并向全国发出通电，号召全国人民筑起民族统一战线的坚固长城，抵抗日军的侵略，从此揭开了中国人民全面抗战的序幕。

全面抗战爆发后，生于湖南长沙东乡的田汉先生积极投身抗战戏剧运动。为适应抗日救亡宣传的需要，田汉在通过戏剧宣传抗日的同时，于 1938 年 1 月 28 日在长沙创办了《抗战日报》，由他任主编，起初的工作人员还有廖沫沙和王鲁彦等人。

田汉选择 1 月 28 日为《抗战日报》创刊日，是因为这一天是 1932 年一·二八淞沪抗战的纪念日，当时报馆地址设在长沙皇仓坪的一个电影院楼上。《抗战日报》是宣传抗日救国统一战线的报纸，宣传共产党的政策，介绍我军战绩，推动抗日救亡运动。

社会各界向报纸伸援手

报纸创办后，徐特立、郭沫若等著名人士为《抗战日报》写过不少稿子。徐特立先生当时是八路军驻湘办事处的代表，很受人敬仰。他为恢复和发展湖南党组织、宣传党的抗日方针政策、团结抗日的一切力量作出了很大贡献。他第一次在长沙银宫电影院（后名新华电影院）演讲中共中央的《抗日救国十大纲领》时，群众闻讯而至者达三四千人，把整个电影院挤得水泄不通，《抗战日报》对这些事件都做了报道。

报纸出版后分发到社会各阶层，很受群众欢迎，销量很大，社会影响力与日俱增，稿件源源不断。整个报纸除国内外要闻以外，每天容纳一万七千字的版面基本上是外来稿，故而每天组织人写稿和处理外来稿的任务很繁重。尤其是田汉先生到武汉参加郭沫若所领导的国民军事委员会政治部第三厅的工作以后（从这时起，田汉只在《抗战日报》挂名，实际主编为廖沫沙），编辑部的人手就更少了。有一段时间，主持四个版的编辑工作只有罗全平和廖沫沙两人。但《抗战日报》工作人员仍然做好了本职工作，答复来访者的各种问题，在报上畅谈全民团结抗日的重要性，报纸为革命青年指明了奋斗的方向。

在报馆人手少、任务重的情况下，报纸得到了外界的大力支持。据廖沫沙同志回忆，当时有跑外勤采访的南开大学学生黄仁宇，做内勤写稿的朝鲜同志安炳武。除此以外，还有不少热心抗战的青年、少年和妇女主动来报馆帮忙。为此，当时的报纸特别开辟了几个专栏，如“抗战妇女”“抗战青年”“抗战儿童”等。其中“抗战妇女”专栏，由明德中学的学生即田汉先生的长子田海南主持。

《抗战日报》首度停刊

由于社会各阶层都来参与办报，积极宣传抗日思想，极力主张全民抗日，报纸的社会影响越来越大，在当时湖南报纸中异军突起。由于国民党害怕人民力量在抗日战争中发展壮大，推行片面抗战路线，不想人民群众参加抗战，幻想依赖美、英援助，由国民党政府和军队包办。蒋介石虽然宣称对日作战，但实际上采取“消极抗日、积极反共”的政策，所以对共产党介入的《抗战日报》十分恼怒，想尽办法进行刁难，但又迫于全国统一抗日的形势而无可奈何。

1938 年 7 月，国内时局发生很大变化，国民党军队在战场上几乎完全丧失战斗力，一溃千里，在 1937 年至 1938 年的短短十五个月里，便丧失华北、华中的大片土地和华南的一些要地。长沙也成为敌军进攻的主要目标之一，时不时地遭到敌军飞机的轰炸，国民党此时也准备火烧长沙城，弃城而跑。报馆工作人员在这种不得已的情况下，将《抗战日报》停刊。

《抗战日报》停刊后，日军入侵武汉，攻占武汉城，武汉失守。此时长沙城的国民党守军急得慌乱无章，在日军还未进兵长沙时，他们就于 1938 年 11 月 12 日晚间一把火将长沙城烧掉了。

战火烧不熄办报人的斗志

战火并不能泯灭《抗战日报》报人坚持办报宣传抗日的斗志，报社工作人员带着印刷机和铅字沿洞庭湖溯沅江而上，来到了怀化境内的沅陵（中共湘西工作委员会驻地）。沅陵山清水秀，土壤肥沃，物产丰富，不仅自然环境、经济基础等条件好，而且群众革命热情高，农民运动和武装斗争曾一度风起云涌。《抗战日报》转迁沅陵后，于 1938 年 12 月底复刊，复刊地址在总爷巷里一户姓周的房东家里，印刷地址在一个小山坡（马坊界五号）一座旧庙里。共产党组织从经费、人力上对《抗战日报》投入大量支持。此时由蒋寿世任社长，廖沫沙任主编。后来党组织又派周立波主持沅陵的宣传工作和协助《抗战日报》主编工作，同时也派欧阳山、草民等同志参加《抗战日报》的编辑工作。

周恩来同志还派从武汉撤到湖南来的《新华日报》工作人员沈绥南等四人随《抗战日报》从长沙到沅陵帮助印刷和发行。廖沫沙还邀集了王文秋、彭少麟、林岳松等几名同学先后赶到沅陵办报。《抗战日报》复刊出版后影响很大。其时南方的《救亡日报》于 1938 年 10 月 21 日因广州沦陷而停刊，工作人员脱险至桂林后积极筹备，直至 1939 年 1 月 10 日才在桂林复刊，所以在《救亡日报》停刊的那段时间里，《抗战日报》在南方几个省的影响颇广。后来《救亡日报》在桂林复刊后，《抗战日报》与南方的《救亡日报》在宣传抗战思想方面形成遥相呼应之势，社会民众抗战热情更为高涨。

沅陵上至绅士，下至农民面对形势的变化，都不安于现实生活，纷纷议论对付敌人、保卫家乡的对策。共产党组织因势利导，充分利用《抗战日报》这一宣传阵地，高举抗日救亡的旗帜，把抗日救亡活动推向了高潮。

反动派镇压——报纸再度停刊

《抗战日报》沅陵复刊虽然得到多方面的支持，但一方面因当时时局复杂，经费和物资都很困难；另一方面，国民党对《抗战日报》的长期刁难，所以在沅陵复刊的《抗战日报》，同样遭到国民党政治上的施压。

1939 年 1 月，国民党五届五中全会制定了“溶共、防共、限共”的“反共”方针，秘密颁布了《防止异党活动办法》，极力强化宪兵和特务组织，到处打击共产党和进步力量。据廖沫沙同志回忆，国民党在《抗战日报》复刊上进行百般阻挠，沅陵城区的发行遭到国民党特务的暗中阻挠，尽管《抗战日报》已呈请“中华邮政”登记，但沅陵城以外的邮寄还是全部被封锁，报纸只能通过地下组织秘密外传。报馆曾通过党组织好不容易弄到毛泽东的《论新阶段》这一重要文献，《抗战日报》就全文转发，这是当时湖南境内最早且唯一公开发表此文的报纸。可是这天的报纸出来后，除报馆工作人员直接分发出去的份数以外，其余没有一份外投出去。报馆工作人员都十分气愤，廖沫沙同志因此还被国民党省党部传去说明情况。

此时，建立全国抗日民族统一战线、一致对外的呼声仍然强烈，国民党还不敢完全下决心破坏统一战线，也就没有直接迫害《抗战日报》。但到了1939年3月至5月间，国民党看到共产党组织领导的《抗战日报》聚集民众的力量越来越大，开始胆战心惊，便加紧对《抗战日报》施加压力，办报的难度越来越大，出报的困难越来越多，压得报馆无法正常运转。

此时，廖沫沙已离开报馆去了长沙，周立波执行主编《抗战日报》。不久，周立波也离开报馆去了桂林救亡日报社。随后，廖沫沙也去了桂林参加已由夏衍主持的救亡日报社工作。在这种情况下，《抗战日报》的其他工作人员也被迫相继离开报馆。1939年6月16日，《抗战日报》又一次被迫停刊，此后再也没有出刊。

《抗战日报》虽然创办时间不长，但它始终保持田汉当初创刊的宗旨，在引导国人内联外御，积极宣传抗日思想，建立全国人民抗日统一战线方面发挥了重要作用，是我党抗战史上一块永恒的丰碑。

（本文选自《重庆日报》）

抗战烽火中报人勇担当

文／严　冰　吴　丹　康　晰　姚　琼

新闻是历史的草稿。循着一张张旧报纸回望历史，纸墨之间是中华民族鲜活的抗战史，是一代报人浴血留存的民族记忆。前线有战士奋勇杀敌，后方有报人以笔为戈，他们以报纸为根据地，誓与民族同呼吸、共命运。

战火熊熊，报业不息

1937 年 8 月 13 日，举世闻名的淞沪会战爆发。时任第四航空大队队长的高志航奉命从南京飞抵杭州，不料于笕桥机场突遇日军袭击，高志航迅疾反击，最终率其所在大队共击落敌机三架、击伤一架。

仅两小时后，伴随着“号外！号外！”的叫卖声，杭州的大街小巷都知晓了“高志航”这个抗战中首次击落日军飞机、打破“日本空军不可战胜的神话”的英雄。

次日，《东南日报》刊发题为“我空军空前胜利”的文章描述这场胜利：“敌机虽由台湾省远道而来，仍能在我领空作战近三小时，至被我击落之四机，计一架落于笕桥附近，一架落于小河车站，余两架落于钱塘江边。”

正如西南政法大学新闻传播学院副教授张治中所言：“抗战中制报、办报的条件之艰苦，毋庸赘言。但各类报刊却能不畏艰险，迅速反应，积极进行战时宣传报道，实属难能可贵。”

擎起共同抗战的鲜艳旗帜，吹响救亡图存的声声号角。抗战中，中国共产党克服艰难险阻，积极创办报刊、通讯社、杂志、电台，广泛宣传抗战理论、路线、方针、政策。1931 年九一八事变后的 11 月 7 日，新华通讯社的前身红色中华通讯社在瑞金成立。从此，红色电波每天传播着中华民族坚强抗战的声音。从《红色中华》到《新华日报》《解放日报》《八路军军政杂志》，中国共产党先后创办了上千种报纸杂志，“行看星星之火，燃成熊熊之焰”，发行到苏联、美国、加拿大等国十多个城市，开创了“传播最远，读者最众的黄金时代”。

亲自领导了《解放日报》创刊的毛泽东曾在发刊词中强调："本报之使命如何？团结全国人民战胜日本帝国主义一语足以尽之。"在极端困难时期诞生的《解放日报》，不仅承担了宣达中央政策的重任，更积极宣传敌后人民的英勇抗争，成为"除敌方之昧，正我方视听"的耳目喉舌。毛泽东倾心指导报纸工作，亲自撰写社论的故事也被传为佳话。

在国统区，由郭沫若担任社长的很具影响力的《救亡日报》也广开言路，报道各种政治力量的抗日主张和救亡活动。在沦陷区，上海租界难挨的四年"孤岛"生涯中，该地区的新闻工作者转入地下坚持抗战，同样在中国的"新闻抗战史"上留下了光辉的一页。

"总体而言，抗战时期的新闻宣传工作是中国各种政治立场的报人摒弃隔阂、团结一致、迎难而上共同完成的，为民族大义并肩战斗，这一点值得钦佩。"张治中如是评价。

生死无惧，报人报国

抗战烽火下报业砥砺前行的背后，是万千报人前赴后继、不惧生死的坚守。

资深媒体人高山认为："中国报人不持枪杆握笔杆，脚踏烽火乱，挥笔著文章，铮铮铁骨担道义，甚至不惜献出自己的生命。他们与前方战士同心共战，同样可歌可泣。"

雷烨，著名的八路军战地摄影记者。他以照相机为武器，拍摄了《日寇烧杀潘家峪》《驰骋滦河挺进热南》等一系列极为珍贵的战地照片，用鲜血浸染的相册对战争的惨烈、日军的暴行等作了珍贵的历史记录。

"在这毕业礼场上，也就是战斗前的誓师，四千个喉咙合唱出他们的毕业歌。是时候了，同志们，该我们走上前线，不除日寇不回来相见！"1938年8月1日毕业于抗大的雷烨，如此描述自己的一腔抗日报国情。

雷　烨

五年后，雷烨在去往晋察冀画报社驻地取秘密文件时遭遇日军"扫荡"，壮烈牺牲。他还未来得及拍下一张抗战胜利的照片，生命就终结于二十九岁的青春岁月。

在山西省左权县西山村的山坡上，耸立着一座"太行新闻烈士纪念碑"。这座纪念碑背靠千仞绝壁，面向抗战时新华日报社的驻地，这也是时任新华日报社社长兼总编辑何云牺牲的地方。

在反击日军“扫荡”、处境极为困难的情况下，何云带领工作人员一面同敌人周旋，一面坚持出版《新华日报》、向延安新华总社发战报。1942年，日军企图摧毁八路军总部和《新华日报》华北分馆，何云坚持架起电台收听电讯，亲自撰写稿件，最终因撤退不及中弹牺牲，年仅三十八岁。

史料存续，致敬前人

无论是抗战时期各大报刊的历经风雨，还是报人报国的感人事迹，都被白纸铅字、图片或影像记录，新闻史用一沓沓厚重的草稿铸成了抗战回忆的精彩书稿。

“中国众多有思想、有理想的报人宣传抗战的正能量，鼓舞民众的抗战热情，维护统一战线的稳定，增强全民族抗战的信心。每一份报刊也聚集了一大批爱国人士，集众人进步之力，推动了抗战最终取得全面胜利的进程。”郭沫若纪念馆副研究员张勇说。

作为抗战老报纸展览的主导者，中国报业协会集报分会副秘书长、会展部主任张维春指出：“在纪念反法西斯暨抗日战争胜利70周年这个重要时间点上，用原版老报纸展现抗战时期各方面的真实情况，是用历史说话，用事实说话。这不仅是对各党派特别是中国共产党在抗战期间的突出贡献的肯定，更是对一代报人的致敬，读史明志，这对青少年爱国主义情怀的提升也有重要意义。”

（本文发表于2015年9月，选自《人民日报海外版》，有删节）

牺牲于抗日激战的一批进步记者

文／刘继兴

他是报社的社长兼总编，曾多次鼓励部下说："一个铅字就等于一颗子弹。"被日军包围后，他率领几人持枪与穷凶极恶的日军激战，壮烈牺牲。

何　云

他，就是著名的新闻工作者何云。在这次战斗中，与日军顽强斗争、最后英勇捐躯的，还有四十多位新闻战士，他们都是太行山上的抗日好儿郎。

如今，在山西省左权县麻田镇清漳河畔西山村的山坡上，耸立着"太行新闻烈士纪念碑"。这座纪念碑背靠千仞绝壁，面向东方，那正是当年华北新华日报社的驻地山庄村，以及何云同志牺牲地羊角村的方向。纪念碑正面是杨尚昆的题词："太行新闻烈士永垂不朽"，左面刻着陆定一同志的题词："一九四二年五月，华北新华日报社社长何云等四十余位同志壮烈牺牲，烈士们永垂不朽。"背面镌刻着曾在太行山战斗过的五十七位新闻界烈士的英名，排在第一位的就是何云。

何云生于1904年，是浙江上虞人。毕业于杭州师范学校后，何云曾赴日本早稻田大学读经济系，后转入铁道学校学习。1931年九一八事变后，何云毅然停学回国，参加了抗日救亡工作。1938年初，何云到达武汉，参与筹办《新华日报》。同年底，他被派往华北敌后，在山西创办《新华日报》华北版，任社长兼总编辑，后兼任新华社华北分社社长。

《新华日报》华北版创办之初，一切设备都不完备，只有一副破烂的机器和一副老五号的铅字，既无铜模又无浇字炉。但在何云同志擘画之下，其很快成为华北

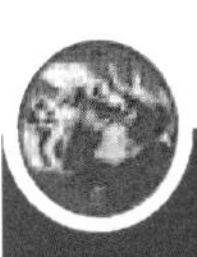

敌后唯一规模宏大的抗日新闻机构，成为华北敌后新闻事业的一面旗帜。报社先后经历了七次反“扫荡”，多次搬家，在行军转移中，不能出铅印版，就出油印号和战时电讯版。尽管战斗非常频繁，但仍坚持出报，基本没有中断。《新华日报》华北版的工作日趋完善了，在华北各地普遍建立了通讯网，工、农、兵通讯员的写作水准一天天提高了。

《新华日报》华北版自 1939 年 1 月 1 日创刊，至 1943 年 9 月 25 日终刊，共出报八百四十五期，铅印捷报十五期，铅印战时版四期。在硝烟弥漫的年代，《新华日报》华北版的记者，亲临前线、深入敌后，采写了许多激动人心的新闻报道。他们揭露了日军、伪军在各抗日根据地连续不断的“扫荡”“围攻”中杀光、烧光、抢光的“三光”暴行；充分宣扬华北敌后军民浴血奋战、坚持抗日所取得的胜利。创刊不到两年，这份报纸发行量就超三万份，成为太行山区军民最喜爱的读物。朱德总司令曾称赞：“《新华日报》（华北版）一张顶一个炮弹，而且天天在和日寇作战。”

何云与他的同仁，最终以鲜血写就中国新闻史上最悲壮的一页。1942 年 5 月，日军向太行山区发动了“铁壁合围”的“大扫荡”。何云率报社机关随总部和北方局向外线转移。但出发后不久，他们即被日军包围。战斗中，何云不顾个人安危，坚守工作岗位。在化整为零、分散隐蔽的几天里，他跟身边的人说：“不要把子弹打光了，留下最后两颗，一颗打我，一颗打你自己，我们决不当俘虏！”28 日晨，何云在辽县大羊角附近突围中和敌人激战数个小时，最后不幸壮烈牺牲，年仅三十七岁。

在这次反“扫荡”突围中，还有《新华日报》华北版经理部秘书主任黄君珏、国际版编辑缪乙平等四十五位报社人员英勇牺牲。

何云牺牲后，刘伯承沉痛地说：“实在可惜啊！一武（左权）一文（何云），两员大将，为国捐躯了！”7 月 8 日，《新华日报》华北分馆和新华书店联合举行何云等牺牲同志的追悼大会。邓拓悲愤地写下了一首题为《哭何云同志》的诗：“文章浩荡卫神州，血溅太行志亦酬。党报事艰来日永，同侪心痛老成休！云上遥祭挥无泪，笔阵横开雪大仇！后死吾曹犹健在，不教胡语乱啾啾！”

抗战胜利后，何云烈士的灵柩被移到涉县石门烈士墓。中华人民共和国成立后，晋冀鲁豫烈士陵园在河北邯郸市中心落成，何云与左权的忠骨被移至该烈士陵园。

（本文选自中国青年网）

怀念我的父亲——抗战诗人田间

文／田春生

在纪念中国人民抗日战争暨世界反法西斯战争胜利 70 周年之际，我深深地怀念被人们称为“八路军诗人”“抗战诗人”的父亲田间。

田间于 1938 年在西北战地服务团

父亲田间原名童天鉴，安徽无为人。1934 年在上海加入“左联”，全面抗战爆发后积极投身抗日斗争。1938 年，他随丁玲领导的西北战地服务团赴延安，加入了中国共产党。年底，父亲从延安来到晋察冀抗日根据地，在他挚爱的晋察冀生活、战斗了十个春秋，直至全国解放。抗日战争期间，父亲曾任战地记者、边区参议员、根据地边区文学艺术者协会副主任。中华人民共和国成立后，父亲先后任全国文联研究室主任、中央文学研究所秘书长和中国作家协会文学讲习所主任、《诗刊》编委和河北省文联主席等职位。

作为战地记者，只要哪里有敌情和战斗，他就亲自去前线报道。由此父亲与聂荣臻、贺龙、杨成武、萧克等结下了深厚的友谊。1939 年父亲作为战区记者，参加由贺龙指挥的晋察冀著名的陈庄战斗。战后，贺龙见父亲衣服单薄，即从战利品中拿了一件只有一只袖子的军大衣送给父亲。贺龙还曾于父亲从延安过黄河时，在晋西北一二〇师师部相见，并送给父亲一支从敌人那里缴获的手枪。杨成武为纪念父亲，于 1987 年 5 月用毛笔手书：“田间同志长期在敌后抗战根据地与人民生活战斗在一起，创作了大量革命的优秀诗篇，他不愧是时代的鼓手。”

父亲一生创作了大量的诗篇，出版了几十部诗集。1935年出版了第一本反映人民在日寇铁蹄下苦难生活的诗集《未明集》；1936年出版反映东北义勇军抗日斗争的《中国牧歌》，和以红军长征为背景、讴歌农民反抗斗争的《中国·农村的故事》；1938年创作反映抗战的《呈在大风沙里奔走的岗卫们》。父亲一气呵成的长诗《给战斗者》，于1937年在胡风主编的《七月》杂志上发表，立即震撼当时整个抗战文坛。闻一多先生阅后称父亲为“时代的鼓手”，称颂父亲的诗“不只鼓的声律，还有鼓的情绪……爆炸着生命的热与力”。此外父亲还著有叙事长诗《亲爱的土地》《名将录》《她也要杀人》《子弟兵的母亲戎冠秀》《赶车传》等。

父亲最具时代性的作品是他的抗战诗篇，脍炙人口的街头诗歌如《假使我们不去打仗》《义勇军》《坚壁》等。1938年，父亲在延安与柯仲平等发起“街头诗”运动。在《给战斗者》（人民文学出版社，1978年版）的末页中，父亲这样回忆延安的“街头诗”运动：“1938年8月7日，延安城内，大街小巷，街头和城墙上，张贴起一首首的街头诗。大街的中心，悬挂着九幅红布，红布上面，也是写着‘街头诗’。当时延安的诗人们，就把这一天叫作‘街头诗运动日’。”

“街头诗”这种表现形式是中国抗战的时代产物，因其简短有力、朗朗上口而得到流传，激发了延安和根据地群众的抗战激情，鼓舞了人们的抗战斗志。1956年7月1日，父亲应邀参加在中南海举行的中国共产党成立35周年大会，毛泽东主席与父亲亲切交谈。在谈到抗战时期延安的“街头诗”运动时，毛主席说：“你们搞的‘街头诗’运动影响很大，各解放区都写‘街头诗’，对革命起了很大作用，文艺配合革命是我们的光荣传统……”

今天，回忆父亲走过的路，不仅仅是因为我心底的挚爱和无尽的怀念，更因为我们认为珍爱和平就要铭记历史。深思前辈走过的路，让中国人的抗战精神代代传承。

（本文发表于2015年，选自《光明日报》）

张季鸾：秉笔抨击侵略　团结各界抗战

文／田　斌

张季鸾

1937年7月7日抗战全面爆发，张季鸾随即写出《卢沟桥事件》等社评，明确尖锐地谴责侵略，并对当时一些人妥协惧日观点提出批评，指出“迅速决大计，上与中央连成一片，下与民众结为一体”，团结抗战，共同对敌。一星期以后，蒋介石在庐山召开会议商谈抗战国事，张季鸾也应邀前往。蒋介石在讲话中提出：“如果战端一开，地无分南北，人无分老幼，皆有守土抗战之责……”下山后，张季鸾接连写出了《对于国事之共同认识》《感谢卫国军人》等社评，呼吁军民英勇杀敌夺取胜利。日军在南京实施惨绝人寰的大屠杀后，张季鸾立即写出《勿忘国耻！！！》《国仇必报！！！》等社评，强烈谴责日军之暴行，让人警醒的是所写社评均连用三个感叹号。

张季鸾的新闻思想的核心之一是公正客观、公允坦言。国民党军队取得台儿庄大捷后，《大公报》予以首肯，共产党八路军取得平型关大捷后，张季鸾也给予正面赞评，还在《大公报》先后登载了毛泽东接待《大公报》战地记者陆诒的采访谈话和林彪所写的《抗日战争经验》。张季鸾还于1937年9月25日在《大公报》（汉口版）写出《晋北大捷》社评，赞扬八路军平型关战役之胜，称其“这个胜利，似在意外，实在意中”，“可见将士之杀敌保国之意志”。

张季鸾在抗战中鲜明的新闻立场，在几个场合上得以最充分、最酣畅地体现。

七七事变后，有人想与日军进行所谓的调停等妥协退让活动，张即在《大公报》上写出一篇蜚声一时著名社评《最低调的和战论》。文章指出：如果日本进攻占

领南京，张季鸾则决不调停，不谈和平。这绝非高调，乃是维护国家独立最小限度之立场。还说如果南京被占，应拒绝一切名为调停实为投降之议论。该社评坦言：只要大家不分党派，同心奋斗，中国就永不亡，中华民族永不衰落。张季鸾写的这篇社评“空气澄清、群疑一扫”，在全国产生重大影响。1938 年 3 月 8 日，他在《中国国民应有的自信》社评中指出：日本侵略靠经济，侵略越久，经济越坏，最后必然崩溃。还指出，中国过去完全自误，一旦觉醒而进行奋斗，力量要比日本大几十倍几百倍。以无穷之抵抗有限之侵略，我们不会投降，中国必然最后胜利，必然能将日本驱出中国。这些言论有力地驳斥了“亡国论”“悲观论”和“必败论”者，极大地鼓舞了国人与敌血战到底的信念。

1939 年 2 月，国民参政会一届三次大会在重庆召开，张季鸾以参政员身份参会，并亲自为蒋介石起草了题为《国民精神总动员》的大会报告稿，他在该报告中提出“国家至上”“民族至上”“军事第一”“胜利第一”四个口号，后来陈布雷又补充了“意志集中”“力量集中”两句，成为六个口号。张季鸾作为一名报人能参与国家反抗侵略总体战略决策的制定，也是民国新闻史上的传奇。更鲜为人知的是，毛主席当年在延安召开由边区政府发起的各界纪念五一劳动节大会上也作了《国民精神总动员的政治方向》的演讲，该讲话提到“中国共产党领导的军队和人民所持有的抗日高于一切，一切服务于抗日，动员一切力量，争取最后胜利”的主张，与《国民精神总动员》的六个口号精神宗旨是一致的。

这里还要谈及一事。上海失守后，德国驻华大使陶德曼会见蒋介石想调解中日之争，蒋介石犹豫踟蹰，便找张季鸾商议此事。1937 年冬季的一个多月内，张季鸾曾受蒋介石之托，秘密往来于汉口、上海、香港之间，与日方谈判周旋。当年 12 月 5 日，汉口版《大公报》发表了由张季鸾撰写的题为《德国调解之声》社评中指出：“这个调解无希望，因为日本无诚意。日军现在还攻击着我们的首都，还谈什么调解呢？中国抗战为保卫其国家主权领土，决不为屈辱丧权而议和……”该社评也表明了张季鸾的民族正义和决不向侵略者屈膝妥协、投降退让的坚定抗战立场。

张季鸾主编的《大公报》颇有特色，除了《国闻周报》和《国闻通讯社》等副刊外，还增设了好几个极具特色的栏目，涉及军政、经济、文艺、教育、体育等，其中最引人注目的是《星期论文》专栏和报社自办的“大公剧团”。新闻记者出身的张季鸾，极为重视抗日卫国、救亡图存中文化思想传播、舆论宣传导向和振作国人的抗战精神，启迪民众心理的巨大作用。他认为，救国须先救人，救人须先救心。这个心就是中华民族的精气神，必须用文化宣传思想激励方式去唤醒、鼓舞、铸就。《大公报》的《星期论文》专栏于 1934 年 1 月起开设，此时日军的铁蹄已踏入长城沿线关内各口，平津危急！华北危急！张季鸾赋诗描写此时危局是“长城在望，而形势全非；东海无波，却陆沉是惧”，其忧国忧民之情溢于言表。张季鸾开办《星期论文》专栏目的就是邀约、吸引和召唤社会各界人士，以文笔为武器，用思想去启迪、唤醒国人，抵御侵略，保家卫国。据史料记载，从 1939 年 1 月起至 1945 年 9 月止，《大公报》共发表《星期论文》六百余篇，作者达二百余人，其中先后有丁文江、胡适、翁文灏、傅斯年、蒋廷黻、梁漱溟、梁实秋、马君武、潘光旦、张其昀、黄炎培、王芃生、费孝通、张奚若、蒋方震、蒋百里、郭沫若、钱钟书、陈西滢、萧一山、吴宓、顾毓琇、朱光潜、竺可桢、茅盾、于右任、胡秋原、甘乃光、孙科、钱穆、邵力子、陈立夫、老舍、沈从文、夏衍、傅雷、唐弢等一大批军政界、文学界、教育界、科学界、工商界的大师、专家、学者。这些稿件的内容基本上是抗战爱国，救亡图存。而与上述这些思想文化巨匠们以文际会，使张季鸾在抗战中的新闻救国观和文章报国观得以向更高层面升华。

正当抗日烽火熊熊燃烧之际，1938 年 4 月，在张季鸾的倡导下，《大公报》（汉口版）成立了“大公剧团”，团长为马季良。当年 6 月 16 日，大公剧团在武汉维多利亚纪念堂首场演出三幕国防话剧《中国万岁》，观看演出的有郭沫若、田汉、洪深、阳翰笙、邵力子、沈钧儒、邹韬奋、阎宝航和史沫特莱等人。演职人员有应卫云、舒绣文等。演出结束时，一曲《最后的胜利是我们的》和周晓燕女士独唱的《八百壮士》《松花江流亡曲》，吴乐懿女士以钢琴演奏的《把敌人赶出去》及剧团怒潮乐队的合奏等，极大地振奋了人心。张季鸾以文艺方式团结动员各界人士进行抗战的爱国情怀昭然。

此外，张季鸾还在《大公报》上增设文艺副刊《大公园》，经常向该副刊发稿的有秦牧、巴金、冯至、聂绀弩、郁达夫、朱自清、胡风、臧克家、袁水拍、王冶秋、许广平、冯雪峰、陈白尘、马思聪、艾芜、洪荒等人。

张季鸾新闻观的践行，《大公报》成为举国瞩目、影响很大的报纸，靠的还是报社一大批由编辑、记者和馆站职员组成的精英团体的支持和新闻才俊的拥戴。从 1926 年 9 月至 1949 年 9 月，特别在十四年抗战岁月里，先后有王芸生、曹谷冰、王文彬、徐铸成、李子宽、张琴南、张篷舟、孔昭恺、张高峰、黎秀石、萧乾、曹世瑛、吕德润、曾敏之、许君远、王礼锡、唐振常、陆诒、李纯青、沈从文和范长江、孟秋江、徐盈、彭子冈、邱溪映、杨刚、高集、高芬、方大曾（后方在一次战斗采访中壮烈殉国）、唐纳等，这些热血青年记者，以国家民族利益为己任，以采访抗日杀敌保家卫国事迹、弘扬英勇将士精神为职责，奔向炮火纷飞的战场，在弹雨中谱写出英雄华章。如范长江的《卢沟桥畔》、孟秋江的《南口迂回线上》、陆诒

的《娘子关失陷记》、张逢舟的《大场必守论》、唐纳的《夜雨闲话》等通讯报道，脍炙人口，好评如潮。1937 年 11 月 8 日，中国青年新闻记者学会（简称中国青记学会）在上海成立，范长江等三人为常务理事，报刊界的张季鸾、王芸生等十五人为名誉理事。中国青记学会在以后的抗战岁月里团结了一大批左翼人士、进步青年，发挥出巨大作用。

据史料记载，毛泽东于民国初期在上海、长沙也曾做过《民主报》《大公报》的撰稿人。香港的金庸、梁羽生以及傅作义的女儿傅冬菊、钱其琛也曾在《大公报》当过记者和职员。

张季鸾与《大公报》在抗战中之所以持鲜明之立场，写激昂之檄文，发独家之新闻，之所以成为民国新闻报业中的旗帜号角，均基于张季鸾和大公报社编采团队所具有的爱国立场和敬业精神。

（本文选自《榆林日报》）

鲁迅生命的最后六年如何抗战

文／刘加民

鲁　迅

鲁迅先生是1936年10月19日去世的，距离全面抗战爆发的1937年7月7日还有半年多的时间，因此从这个意义上讲，鲁迅先生没有经历全面抗战，也就没有在此期间有所作为。但是，从1931年九一八事变到1937年全面抗战爆发，文化界、大中小学、地方武装的“民间抗战”，从来没有停止过。鲁迅就是文化界抗战的核心人物之一。

创立于1930年3月2日的中国左翼作家联盟（以下简称“左联”），主要发起人有鲁迅、沈端先、冯乃超等。在成立大会上，鲁迅所作的著名演讲——《对于左翼作家联盟的意见》，被认为是左联的纲领。左联是后来在抗日民族统一战线中发挥重要作用的文化社团，它的成立是中国现代文学史上的重要事件。鲁迅还将自己的稿酬捐给左联作为最初的活动经费。1931年九一八事变之后，以左联为核心的爱国文学艺术工作者进行了大量的抗日工作。10月15日，左联执委会发表《告无产阶级革命作家及一切爱好文艺的青年们》宣言，抗议日本侵略者；左联与美术研究会联合编辑的连环图画《东洋人出兵》也于同月出版，大胆揭露日本侵华的罪行。1932 年 1 月，“上海各界民众反日救国联合会”成立，左联派代表参加，并安排作家深入前线采访，撰写抗日宣传文章，鼓舞士气，同仇敌忾。1932 年 9 月 28 日，为抗议日本侵占东北，左联发表《告国际无产阶级及劳动民众的文化组织书》，10 月 15 日，左联执委会发表《告无产阶级作家革命作家及一切爱好文艺的青年》抗议日本侵略。

除了积极支持左联的活动外，鲁迅还与其他知名人士联合发表宣言，抗议日本的侵略和屠杀中国人的恶行。1932 年 2 月 4 日，鲁迅等四十三人联名发表《上海文化界发告世界书》，抗议日本进攻上海。1932 年 2 月 7 日，鲁迅等一百二十九名爱国人士联合发表《中国著作者为抗议日军进攻上海屠杀民众宣言》。

积极推介年轻作家的抗日作品，是鲁迅积极参与抗战的另一种方式。作为当时文坛的主将，鲁迅一言九鼎。他大力推介了一些抗战题材的文学作品，使一批文学新人快速成名。1935 年 8 月和 12 月，萧军的小说《八月的乡村》和萧红的小说《生死场》在鲁迅的帮助下出版发行。鲁迅为这两个名不见经传的来自东北沦陷区的年轻作家，亲写序言，高度评价。在为《生死场》所作的序言中，鲁迅称赞萧红所描写的“北方人民对于生的坚强，对于死的挣扎却往往已经力透纸背；女性作品的细致的观察和越轨的笔致，又增加了不少明丽和新鲜”。葛琴的《总退却》短篇小说集，真实地反映了上海军民在 1932 年 1 月至 3 月“淞沪抗战”中的英勇表现，鲁迅也为之作序，盛赞其是“这一时代的出产品”。

鲁迅还领导了文学界抗日民族统一战线的建设。1936 年 6 月 1 日，鲁迅等商定了“民族革命战争的大众文学”口号。6 月 15 日，《夜莺》第四期刊出《民族革命战争的大众文学》，发表鲁迅等赞同“民族革命战争的大众文学”的文章。7 月 1 日，鲁迅发表《论现在我们的文学运动》，强调无产阶级在抗日民族统一战线中的领导权，主张“民族革命战争的大众文学”是一个总口号，“国防文学”是随机应变的具体口号。同日，鲁迅发表《答托洛茨基派的信》，痛斥托洛茨基派反对和破坏抗日民族统一战线的行为，并表示：“那切切实实，足踏在地上，为着现在中国人民的生存而流血奋斗者，我得引为同志，是自以为光荣的。”8 月 15 日，鲁迅在《作家》上发表《答徐懋庸关于抗日统一战线问题》，主张作家应在“抗日”的旗帜下联合起来，“在抗日战线上是任何抗日力量都欢迎的，同时在文学上也应当容许各人提出新的意见来讨论”，认为当时左翼的“民族革命战争的大众文学”和右翼的“国防文学”这两个口号侧重点不同，可以在“抗日”的旗帜下并存。他主张抗日旗帜下面要保持各自的文学特色和思想意识，不希望一刀切，非此即彼。

1936年10月1日，身体已经极度虚弱的鲁迅，仍会同二十一人联合发表《文艺界同人为团结御侮与言论自由宣言》，主张“全国文学界同人应不分新旧派别，为抗日救国而联合”。在民族大义面前，鲁迅毫不犹豫站到了超越派别、团结御侮的高度，这对文化界在全面抗战爆发之后能够迅速统一思想、凝聚力量、积极抗战，发挥了重要作用。

（本文选自光明网）

文为矛：一代巨匠夏衍的抗战星火

文／张丽玮　王　婕

有人说，要论杭城的老街，严家弄绝对排得上号。严家弄坐落在艮山门外，虽然从外看与其他老街大同小异，但它却因一个人变得与众不同。一百一十五年前，在这条深巷的一所宅院中，诞生了一位中国文豪，他就是夏衍。

夏　衍

夏衍是我国著名的文学家、戏剧家、电影家、新闻工作者，更是一位优秀的中国共产党党员。在中国的抗战历史上，夏衍以其犀利的文笔、极富才学的创作，为抗战胜利作出了不可磨灭的贡献。

与周恩来会面　特殊时刻临危受命

早在 1927 年，夏衍便加入了中国共产党。很长一段时间内，夏衍就职于中共特科，从事地下宣传工作。

1937 年 7 月 7 日，随着卢沟桥事变的激烈炮火，抗日战争全面爆发。此时的夏衍，已经以半公开的身份活动在上海文化界，团结各界力量，发挥党对文化工作的领导作用。

7 月 10 日，对夏衍来说，是难以忘怀的日子。卢沟桥事变刚刚过去三天，夏衍应潘汉年之约，来到了上海大光明咖啡馆。这是两人经常见面的地方。这一次，与以往不同，刚碰面，潘汉年便拦了辆出租车，带着夏衍来到蒲石路一幢双开间的石库门房二楼。

轻轻叩门，一位身着白衬衫、深灰色西装裤的中年人出现在眼前。中年人紧紧握住了夏衍的手，热情地说道：“还是叫你沈端先同志吧。这是我们第一次见面。”未等夏衍开口，来者再次说道，“我，周恩来。”

毫无准备的情况下，夏衍见到了仰慕已久的中央领导人周恩来同志。夏衍有些紧张，久久未能开口。为了消除夏衍的拘谨，周恩来亲自给夏衍斟了杯茶水，坐下来谈起家常。

这是周恩来第一次见夏衍，却不是第一次为夏衍派任务。杭州江干区夏衍旧居管理办公室的关佳晶副主任说：“虽然周恩来是在1937年才见的夏衍，但夏衍这个人，早就在周恩来那挂上了号。1930年9月，周恩来便曾安排夏衍替代潘汉年担任中共秘密党员杨度的单线联络人。”

只是，这一次的任务更为特殊。

周恩来亲切地询问了夏衍的各方面情况，见夏衍不再紧张后，提出组织希望夏衍今后以进步文化人的身份，对包括国民党在内的各阶层的人士做好统战工作。夏衍当年在国民党左派支部工作的经验是宝贵的，现在国共合作了，很需要熟悉国民党工作流程的同志参与进来。

夏衍听到后，连忙推辞：“我学的是工科，这些年搞的是文艺和电影。搞统战工作，实在没有经验。”

周恩来听后，鼓励道：“你开始搞电影的时候，不也是外行吗？干着干着，也就懂了、会了。”

夏衍为难地说，自己胆子比较小，没有潘汉年那样的本事，很怕和大人物打交道。周恩来同志耐心地分析当前形势，郑重地指出：“抗日战争不是很快就能够结束的。今后，在相当长的时间内，你要在国民党统治区域工作，做宣传工作、统战工作。当然，你可以编杂志、办报纸、写文章，但一定要争取公开，只有公开合法，才能做统一战线的工作。宣传和统战都是党的重要任务。”

听到这，夏衍明白周恩来所交代任务的严峻性，不再推拒：“组织上决定了，我一定尽力去做。”周恩来同志高兴地称赞：“这就对了！”周恩来接着告诉夏衍，目前国共两党打算办一张党报，作为宣传抗战的文化阵地。此外，还要办一些进步杂志、剧团、歌咏团等，要做的事情很多，形式又肯定是复杂的。“不过，你不要怕，困难会使人受到锻炼”。

临别时，周恩来紧紧握着夏衍双手，寄予厚望地叮嘱道：“我们很快就要到外地去，跟蒋介石谈判，也许明后天就要离开上海，今后的一切，由汉年和你联系吧。”

杭州夏衍研究会的童翠斌说：“这一次与周恩来的见面，决定了夏衍今后相当长的一段时间他的工作性质和方向。夏衍今后的工作任务不再是秘密地下党的身份，而是以公开的文化人身份，宣传抗日。”

主编《救亡日报》 为抗日救亡奔走呼号

同周恩来见面后，夏衍展开了与国民党的对接工作，筹划办报事宜。最后，中共两党商量各出资五百大洋，办一份四开四版，具有统一战线性质的“文化救国”机关报，起名《救亡日报》。

1937 年 8 月 24 日，《救亡日报》在淞沪战役的炮火中诞生，于上海正式创刊。郭沫若任报社社长，国共双方各派一名总编辑，共产党方面派的总编辑便是夏衍。这个日子，记载着夏衍开始新闻记者生涯的时刻，是他在坎坷征途中度过漫长而难忘的十二年岁月的新起点。

当时上海有十多家大报，小报几十家。《救亡日报》既无广告又不登猎奇新闻，专登特写、评论、实地采访以及文艺作品等。要生存，困难不小。有人断言，《救亡日报》不出一周便会垮台。

但事情完全出乎了这些人的预想。夏衍在宣传上坚持以抗日民族统一战线和全面抗战的方针为指导思想，《救亡日报》以其精辟的言论和准确的战地报道，受到了广大读者的拥护，很快打开了销路。

在这一阶段，夏衍将主要的精力都放在《救亡日报》的社务方面，并多次去往前线，进行战况报道。他曾冒着敌机轰炸、扫射的危险，驱车数十公里，后因炮火太猛烈，不得不七八次下车蛰伏在稻田、树荫下。待炮火不再密集，继续满怀激情地前往战地采访抗日将士。

田汉曾饶有兴趣地评价夏衍：“在上海《救亡日报》时，他已经表现出非常卓越的记者才能。他对于处理事务是那样的精神勇敢，对于观察事物是那样的敏锐深刻，善能把握要点。”

原本还是新闻界的“门外汉”，在短短的几个月时间内，对新闻工作得心应手。夏衍的报道《始信人间有铁军》《悲剧中的悲剧》等文章，发表后传播甚广。

《救亡日报》样刊

1937 年 11 月 21 日， 这是五百万上海民众永远的伤痛。就在这一天，上海沦陷。《救亡日报》宣布暂时撤离上海，编辑部迁至广州。

1938 年 1 月 1 日，《救亡日报》在广州复刊，夏衍仍担任总编辑。10 月 21 日，广州沦陷。当天早上 6 点，《救亡日报》一行十二人在夏衍的率领下徒步离开广州。当时，日军距离广州城仅几十里。临走前，夏衍找来一张大轰炸时一群遇难孩童尸体的照片，贴在墙上，旁边用日语写道："这是日本空军的战绩！你们也是有父母妻子的人，看了这张照片有什么感想？为着人道，打倒使中日人民陷于不幸的日本法西斯军阀！"

1939 年 1 月，《救亡日报》在桂林复刊。此时的夏衍，掌握了新闻工作的"十八般武艺"，连排字和拼版都学会了。

"其实到后来，国共双方关于办报的分歧越来越大。《救亡日报》遭到监视，后被迫停刊。夏衍奉周恩来指示离桂林赴香港。"杭州夏衍研究会的童翠斌讲述了一段鲜为人知的历史。

纵观《救亡日报》的办报历史，值得注意的是，夏衍办报很重视言论的引导和战斗功能。作为《救亡日报》的总编辑，他撰写了大量的文章，特别是社论。其文字简练、针砭时弊、观点鲜明。在宣传党的全面抗战时，他写了《民众的力量大于一切》，抨击片面抗战路线；在汪精卫投日做汉奸时，他执笔写下《把跪像铸在人民心里》《日寇汉奸的当头棒喝》等尖锐辛辣的战斗檄文。

据统计，从 1938 年 9 月起，《救亡日报》几乎每天都有他的一篇社论，每篇千字左右，至报纸停刊，累计四百五十余篇。可以说《救亡日报》时期，是夏衍新闻工作的巅峰期。

夏衍在回忆《救亡日报》的文章中说："从这时开始，我才觉得新闻记者的笔，是一种最具有效为人民服务的武器。"

以戏剧的力量　高举救亡的火炬

抗日期间，除了《救亡日报》外，夏衍还有戏剧这个舞台宣传抗日。与新闻工作不同，对于话剧创作，夏衍算得上是当时的大家。早在 1927 年至 1937 年，他参与创办上海艺术剧社、参加"左翼剧联"等活动，并创作了《赛金花》《都会的一角》《自由魂》等剧作，已声名在外。

为了办好《救亡日报》，夏衍每天忙得不可开交。待《救亡日报》的运行进入正轨后，夏衍陆续接到了来自各方的"催剧"邀约。

1938 年 8 月底，《救亡日报》举行了周年纪念读者的招待会。茶会气氛正浓，一名热爱夏衍戏剧的年轻人从人群中站了起来。他望向夏衍的方向，说道："在抗战中有钱的出钱，有力的出力，能写剧本的应该贡献出剧本。夏衍先生是著名的话剧

大家了，他不应该吝啬自己的才华。夏衍先生，我们热切期望着您的话剧新作！”

话音刚落，会场响起了掌声、叫好声。读者们纷纷要求夏衍在戏剧方面再出新作。夏衍听后，十分感动：“我检讨，我检讨。我一定尽快在短时期内拿出一个剧本。”

事有凑巧，这时田汉从武汉发来电报，说中华全国戏剧节抗敌协会决定，以1938年的“双十节”为中国第一届戏剧节，要夏衍转告广州戏剧界的同仁在这天举行公演。当夏衍向戏剧界传达这一消息时，戏剧界的朋友也趁机“勒索”，让夏衍写一个可以上演的剧本。因戏剧节将至，他们要求夏衍9月20日前给出剧本，好留出排练时间。

1938年9月19日，仅仅用了十二个上午，夏衍完成了抗战以来第一部四幕大剧《一年间》。

《一年间》描写了普通乡村士绅刘爱庐全家在抗战爆发后的一年里的遭遇以及思想转变。剧中既塑造了明大义、通情理的刘爱庐，也塑造了对抗战持有悲观、怀疑态度的女婿于明扬。对于这些非英雄人物，剧中的刘爱庐一家，有着夏衍的岳父蔡家和二姐夫家袁家的影子。

然而遗憾的是，由于前线局势急剧恶化，广州危在旦夕，《一年间》排演的计划推迟搁浅，众人不得不撤退。随后，夏衍赶赴桂林办报。在桂林期间，夏衍在戏剧上创作了《心防》《愁城记》两部多幕话剧。

1941年12月8日太平洋战争爆发后，周恩来两次急电香港的廖承志、潘汉年、刘晓部署香港工作，指示夏衍组织戏剧界工作。1942年4月，夏衍赴重庆任中共南方局办事处文化组副组长，负责文化界统战工作。

重庆是当时国民政府的要地，许多著名的作家和艺术家云集在这座山城。抵达重庆后，夏衍以自由撰稿人的身份，活动于各种文艺协会、剧社之间，与文化人士进行广泛接触。这些人包括老舍、吴祖光、陈白尘、周峰、应云卫等著名的剧作家、导演。夏衍向他们分析抗战形势，商讨战场后方的演剧运动。

当时重庆演艺界最具影响力的要数中华剧艺社，其负责人应云卫对夏衍的戏剧颇为欣赏。早在两人结识之前，中华剧艺社就编排了夏衍的《愁城记》。认识夏衍后，应云卫当然不会放过这么好的编剧，于是向夏衍“订货”。

在应云卫一次次的“催货”下，夏衍的《法西斯细菌》诞生。这部作品讲述的是细菌专家俞实夫，如何从“科学与政治无关”到最后认清现实，投入反法西斯斗争中去的故事。告诉观众，想要建设美好家园，必须消灭“法西斯细菌”。公演之后，“法西斯细菌”这一名词不胫而走，一时成了帝国主义侵略的代名词。

细细品读夏衍于抗战时期的戏剧创作，我们不难发现，夏衍作品中塑造的多是士、农、工、商各阶层的小人物在抗战时代背景下的命运选择。

谈到创作小人物的意图时，夏衍说：“在抗战中，这些小人物都还活着，而且，在一个不是很短的时期之内他们都还要照着他们自己的方式生活下去，一种压榨到快要失去弹性的古旧的意识，已经在他们心里抬起头来，这就是他们的民族感情。但是从他们祖先时代就已束缚了他们的生活样式、思想方法，是如何的难以摆脱啊！我不想凭借自己的主观和过切的期望去强要他们的生活！我把他们放在一个可能改变，必须改变，但是一定要从苦难的现实生活里才能改变的环境里面，我想残酷地压抑他们，鞭挞他们，甚至于碰伤他们，而使他们转弯抹角地经过各式各样的路，而到达他们必须到达的境地。”

夏衍不是为文学而文学，而是为革命而文学。夏衍清醒地认识到自己不是一名戏剧玩家，而是肩负着在抗战中“文化救国”的使命。抗战时期，夏衍的戏剧大都带有较为明显的政治宣传意味。吴祖光称夏衍为“作家和战士”。

夏衍，这位令杭州自豪的钱江之子，以其瘦弱的身姿，在中国抗战史上，留下了不可磨灭的印记！

（本文写于2015年9月，选自人民网，有删节）

巴金文字抗日

文／刘勇强

巴　金

1937年11月，上海失陷后，国民政府西迁。当时文艺界的一些爱国人士纷纷离开上海，溯江而上。巴金本来可以和他们一起到武汉的，但他没有走，他觉得上海租界“孤岛”上的战斗不亚于在抗战前线作战。《呐喊》被查封后，巴金将它改名为《烽火》继续出刊，宣传抗战，并以坚强的意志完成了《春》第二部的写作。

1938年3月27日，“中华全国文艺界抗敌协会”（以下简称“文协”）在武汉成立。成立大会通过了《中华全国文艺界抗敌协会宣言》，选出郭沫若、茅盾、夏衍、胡风、田汉、丁玲、许地山、老舍、巴金、郑振铎、朱自清、郁达夫、朱光潜等四十五人为理事。《中华全国文艺界抗敌协会发起旨趣》中写道：“我们应该把分散的各个战友的力量，团结起来，像前线将士用他们的枪一样，用我们的笔，来发动民众，捍卫祖国，粉碎寇敌，争取胜利。”文协提出的“文章下乡，文章入伍”的口号，鼓励巴金深入现实斗争，投入火热的抗日文艺战场。

5月，在文协的领导下，巴金来到广州，住在惠新东街文化生活出版社，继续编辑《烽火》。在广州的日子里，巴金冒着敌机的轰炸，始终没有停止过写作。他开始了抗战三部曲《火》的创作，并写了一些散文，其中《给一个敬爱的友人》是他写给日本友人的公开信。信中巴金鼓励遭受法西斯迫害的日本友人，不要在庸俗和邪恶面前沉默，离开战场也“不是一个战士的行为”。

巴金希望他们重新燃起反法西斯斗争的怒火，和中国人民一道进行抗日斗争。巴金说，“东亚两大民族的解放，应该是我们和你们的共同目标”。

8月，巴金从广州返回上海租界“孤岛”，继续写了《做一个战士》等散文，热情讴歌那些“永远追求光明、不知道灰心和绝望、不知道畏缩和恐惧的战士”。他勉励“孤岛”上那些感到苦闷的青年“要在没有自由或者失去自由的地方创造自由、夺回自由”。

9月初，巴金来到当时抗战的中心武汉，度过了半个月令他兴奋的日子。巴金看到了蛇山上的战壕和长江边的工事，看到群众镇定从容、高唱爱国歌曲在大街上行走，巴金深受感染。巴金住在汉口旋宫饭店，胡愈之、王鲁彦等朋友一到晚上就络绎不绝地来看望巴金。巴金在武汉一点也不感觉到寂寞，好像到了自己的家。巴金曾经写信给上海的朋友：“我没有一刻不是和三个以上的朋友在一起。在睡觉的时候这个房间里也有五六个人。一张不够长的长沙发使我的颈项睡得麻木了。但是五六个小时的睡眠并不曾使我们中间任何人感到疲乏。在这里我们过的是兴奋的日子。”巴金还把在武汉的感受写进了《旅途通讯》里，鼓励人们的抗战热情。

9月下旬，巴金从武汉回到广州。一方面继续写作《火》的第四章，一方面继续给《少年读物》写《旅途通讯》。巴金在一篇《广州在轰炸》的通讯中写道：“倒下去的被人埋葬，活着的更加努力从事工作。事情是做不完的，没有人愿意放弃自己的责任；但是倘使轮到自己闭上眼睛，他也不会觉得有什么遗憾。”巴金就是怀着这样的决心，在抗日战火中勤奋写作，用文字的力量抗击日军的侵略。

（本文选自《大公报》）

邹韬奋与东北初期抗战

文／张洪军

邹韬奋

九一八事变后，邹韬奋按捺不住心中的愤懑和悲痛，以笔作刀枪，毫不犹豫地投身抗日救亡运动，接连在《生活》周刊上发表文章，痛陈国事，就“共赴国难”等一系列重大问题提出自己独到的见解。

邹韬奋认为：“全国同胞愤懑已达极点，战与不战，殆为人人心中所同有的一个问题。”他力主抗战，其理由有三个。一是“不战而死，不如战而死”，“况且真能全国死战抗敌，或许于一部分之牺牲外，尚得死里求生”。因此他疾呼“保护国权，须全国人人有决死之心；抗日运动，须全国人人有决死之心；准备应战亦须全国人人有决死之心；故人人有决死之心，实为救国的首要条件”。二是“对日外交是死路一条”，如果坚持不承认亡国条件，就只有准备应战一条路走。三是应战了，虽败犹荣，犹能为个人争点人格，为国家争点国格。同时，他也预料了战与不战的后果。“战，国内派别有望团结；中国不一定败；中国人爱国心可以提升”“不战的结果，是加深内乱；引起别国步日本的后尘；亡国；辱而死，战而死，同一死也，我们宁愿战而死”。

邹韬奋声援支持东北抗日武装。当时在东北地区抵抗日军侵略的主要武装是东北民众自动组织的义勇军，他们在冰天雪地中与侵略者作殊死搏斗，是日军的劲敌。东北义勇军的艰难奋斗，实非言语所能形容。其“前仆后继、视死如归，以赤诚、以碧血为民族生存艰苦奋斗”是“民众实力的一种表现”，只有国民自己想法造成强大力量来救国自救，才能寻出一条生路。

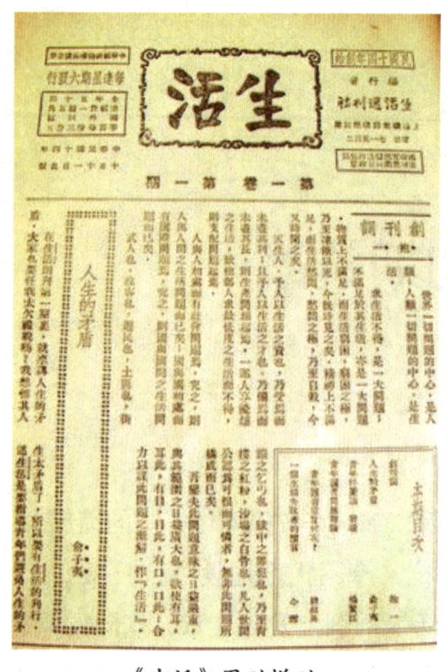

生活

第一卷第一期

创刊词

人生的矛盾

本期目次

《生活》周刊样刊

因为东北义勇军“其可敬的行为尚有为外间民众所未深知者”，所以邹韬奋在《生活》周刊上大量介绍东北义勇军的事迹，指出抗日义勇军的性质“是自动御侮的武装民众”。他们有的是绿林，有的是农民和工人。特别是绿林，“他们从前虽然专做劫掠的勾当，但是在这国难期内，民族意识特别强烈，个个都成了民族的英雄，不应仍然称他们为土匪了”。各种抗日武装虽名称尚未统一，如民众抗日救国军、民众义勇军、国民救国军等，但性质无异，目标相同。因不是正式军队，义勇军的数量无确定数字。所谓“某部有几百几千几万者，大抵不是其领导者号召的能力而言，而是其行动时聚集的状况而言。农民和工人平时各有其家，行动结束各自回家”。绿林一般也不能常常几千几万地聚在一起，唯其基本队伍不分散，常分为若干股散居或游动。多种情形，就是散则为民，聚则为兵。关于义勇军的效用，“不要以义勇军克复或退出某地为喜悲，因为其作战方式是游击，其效用是断绝敌人的交通，扰乱敌人的防地，破坏敌人的矿山及工厂等。旷日持久与之混战，使他们在外的军队疲于奔命，在内的国民苦于供应，不能高枕而卧，不能安然统治，使他们吞不下去，吞下去也使他们不能消化。所以义勇军只要不屈不挠、再接再厉地长期奋战坚持到底继续不断地和敌人捣乱，就是成功，就是胜利”。

特别是江桥抗战爆发后，邹韬奋在《生活》周刊不仅宣传马占山江桥抗战事迹，更为重要的是发起募捐，援助马占山江桥抗战。江桥抗战爆发后，《生活》周刊社共发出十次为筹款援助黑龙江省卫国健儿紧急启事。筹款募捐启事得到广大读者及其他人士的热烈反响。当时，《生活》周刊社把 11 月 14 日至 17 日募集的 44666 元，分四次于 11 月 15 日至 18 日，通过中国银行和交通银行电汇给马占山将军 44600 元，同时发去慰问电。江桥抗战失败后，《生活》周刊社继续募捐援助马占山领导的抗日义勇军对日作战。截至 1932 年 1 月 18 日，共募集捐款 129,904.65 元，共汇给马占山 120,000.07 元。

正因为《生活》周刊曾竭诚赞颂并支持马占山，所以在马占山变节投敌的消息传出后，邹韬奋不胜愤慨。马占山就任伪职后，逐步认识到，已落入日本侵略者

的圈套，想借与日军妥协之机保存自己、再图救国的幻想已经破灭，于是他下定决心，于4月7日，再举抗日义旗。对此，邹韬奋感到无比欣慰，认为仅就目前而言，对日本的打击的确不小。马占山行伍出身，他对政治上的认识远不如在军事上的谙熟。他在政治上的反复和曲折远远超过他军事上的赫赫战绩，对此，当时的邹韬奋是无法预料的。

邹韬奋还分析中日双方的客观条件、探索对日作战的战略战术。邹韬奋认为中国不承认亡国条件，则断交不可免，日本必出兵。首先，占据沿海各要隘。但中国海岸线长，日军不敷防守，"人少则易遭中国兵之袭击，人多则军费浩大，泥足深陷"。中国政府"应订一三年或五年计划，积极猛进"。应注意之要点如下："一、以逸待劳，以久待暂，以柔待刚，见日本大队至则退守，小队则袭击；二、一面向俄德定购军械，一面联美在经济上与日以威吓；三、一面开发西北，一面沟通西南；四、积极训练国民军。"其次，我们中国地大人众，日本一时吞并不了。"地占不了，人杀不尽；只需我们能坚持，至死不屈，不逾三月至六月，彼决不得不屈服，乃得根本解决一切悬案，不必待三年或五年而后可达目的。"在战术上应重用游击战的方法，他以东北小股义勇军抄袭敌后，使敌疲于奔命的行动为例说："况我国果欲以实力收回失地，亦重在以小队偏锋作不断的随处袭击办法。"他认为如用野战法对付日寇，则"只需能坚持一年半载，暴敌必束手待毙。"

此外，他还认为因受自然环境所限，日军不敢远离大城市。加之"日军在东北作战有两大缺点：一是战线过长。东至安东一带，西至锦州、义县、洮南一带，南至旅大，北至吉林龙江一带，占据铁路线五六千里，而铁路之两旁为义勇军之势力，是其战线长逾万里。二是不善混战。以步骑炮空联合作战，为日军所擅长，而人自为战，则为其战术上所无，故对我义勇军之游击式的混战，甚难对付"。

邹韬奋对中国地大人多，日本一时胜不了的估计是正确的，游击战法的考虑也富有启发性。但他把未来战争考虑得过于简单，对战争的长期性、复杂性考虑不足。

从九一八事变发生至1933年7月第一次出国流亡前，邹韬奋把主要目光看向烟火弥漫的东北战场，及时报道和宣传、组织援助东北抗日武装。正像他自己所言："自九一八国难发生以来，我竭尽我的心力，随同全国同胞共赴国难。一面尽量运用我的笔杆，为国难尽一部分宣传和研讨的责任；一面也尽量运用我的微力，参加救国运动。"

（本文选自《中国社会科学报》）

忆在战争中的韩塞

文／王树萍

延安名角

韩塞到延安后就跨进了距离延安城一百五十公里的陕北政治大学学习。校长是教育家成仿吾。教员当中有：理论家何干之，讲社会科学；理论家邵式平，讲论持久战、游击战。经过三个月学习锻炼，结业后，韩塞又考上了延安鲁迅艺术学院（以下简称鲁艺），并担任鲁艺第一期一班副班长，从此开始了他的艺术生涯。

难忘的 1938 年 5 月，在鲁艺男生宿舍前的空地上，韩塞亲耳聆听了毛主席的一次重要讲话："我们的两支队伍：上海亭子间的队伍和山上的队伍汇合到一起来了。这就有个团结问题，要互相学习，取长补短，要到群众中去。艺术是团结人民，教育人民，打击日本帝国主义的有力武器。你们的校歌不是在唱'我们是艺术工作者，我们是抗日战士……'吗？这很对，你们要好好学习，在战争中去学习。你们看过法捷耶夫的小说《毁灭》吗？描写骑马，如作者没参加过战斗生活怎么能写得那么真实。你们将来要到火热斗争中去。阳春白雪和下里巴人你们喜欢哪一种？我看下里巴人也不错，全国人民都会唱。"毛主席的重要讲话铭刻在韩塞心中，使他懂得了艺术要扎根于群众，创作来源于深刻的实践和火热的斗争，明确了工作斗争的方向、目标。沙可夫让韩塞整理好这次重要讲话，供日后同学们学习。

1938 年 5 月，毛泽东在延安鲁迅艺术学院作报告

毛主席讲话后，鲁艺出现了创作高潮，一年之内创作出十几部歌剧和话剧。韩塞参加了大部分演出，担任

不少主要角色。其中：集体创作的《希特勒之死》中，韩塞饰诗人；外国独幕话剧《到马德里去》，张庚导演，韩塞饰法西斯军官；《油布》翟强编剧、张庚导演，韩塞饰父亲；《棋局未终》姚时晓编剧，张庚导演，韩塞饰参谋；《大金柜》王震之编剧，左明导演，韩塞饰伪军。《大丹河水》王震之编剧，张庚导演，吕骥作曲，演员有翟强、于学伟、间吕，韩塞饰大虎。该剧紧扣社会现实，深刻揭露日本军国主义的野蛮罪行，在日军铁蹄蹂躏下，中国人民过着苦难的生活，歌词唱道："大丹河水滚滚流，流不完的两眶眼泪一肚子的仇……妻离子散，恩爱夫妻不到头……"曲调委婉生动，剧情感人，深受延安人民的欢迎。

1938 年 7 月 7 日，庆祝抗战一周年，鲁艺推出三台大戏，一个是歌剧，一个京剧，一个是话剧。歌剧《农村曲》，李伯钊编剧；京剧《打渔杀家》；话剧《流寇队长》，王震之编剧、张庚导演。大型话剧演员有崔嵬、马瑜、江青、韩塞、张平等。鲁艺推出三台大戏时，演员不够，还从抗大借了一些同志参加演出，如张东川、王九晨、阿甲等。

演出地点是在城里教堂，这三台大戏轰动延安城，看演出的观众非常高兴。毛主席和中央领导都来到剧场观看了演出。当毛主席和中央领导步入会场时，全体响起热烈的掌声，毛主席总是微笑着频频招手示意。看完演出后毛主席说，《流寇队长》这个戏很有教育意义，反对流寇思想必须加强党的领导。三台大戏演出盛况空前。

演出后，毛主席和中央领导为了庆祝抗战一周年，及祝贺演出成功，特请全体演职人员在机关合作社吃饭，慰问演职员工。那时物质条件差，平时吃小米饭，难得看见菜里有油花。那时从领袖到普通士兵生活都很艰苦，每人每月发两块钱，用一块钱买双鞋或买牙膏等日用品，也省不下来什么钱，买红枣的钱都没有。给演员改善伙食，机关合作社的工作人员特别积极、热情，又抓鸡，又剁肉，让同志们吃顿好饭。韩塞和全体演职员工更体会到毛主席和党中央领导的亲切关怀。

延安观众中干部多，知识分子多，欣赏水平也较高。各界反映韩塞演什么像什么，说他文化水平高，对各种角色理解的深透，一上台就能将人物的内心世界展示在观众面前。他的台词动听，能抓人。在延安最有知名度的演员一个是韩塞，一个是张平。艺术家前辈们也都称赞韩塞是优秀的演员。群众称韩塞是"延安名角"。

在延安，韩塞除演戏外，还进行歌剧创作。在创作《青年进行曲》时，冼星海作曲，词作者成立创作班子，有王震之、安波、韩塞，人们都称他们是优秀班子。三人用十天完成《青年进行曲》的歌词创作，冼星海在窑洞埋头十二天完成谱曲。完成《青年进行曲》的创作后，由张庚导演，演员有杜矢甲、李群等音乐系学生，混合乐队伴奏，由冼星海指挥，于1939年初在中央大礼堂演出，中央领导同志都看了演出，重庆《新华日报》还刊登了消息。

同年，庆祝参议会开幕，冼星海指挥演出该歌剧中的两首曲子，合唱队由音乐系学生担任，演出受到欢迎。

韩塞在鲁艺学习期间年仅二十岁，就担任了鲁艺普通班的助教，在西山坡上讲授“艺术和政治的关系”。同年被选为全国陕甘宁边区分会候补委员。他于1938年加入中国共产党，成为一名共产党员。韩塞实现了他入党的夙愿。

施展才华

1938年抗日战争进入相持阶段，日本帝国主义把主要兵力集中到中国共产党领导的抗日根据地。党中央为了开展对敌斗争，决定把陕北公学、鲁迅艺术学院、延安工人学校等部分教职员工合编为华北联合大学（简称“联大”）赴前方开展文化教育。

成仿吾

联大校长成仿吾——著名的教育家、理论家，通晓五国文字的编译家。他领导创办了“社会学院”“教育学院”“政治学院”“文艺学院”“联大文工团”“青年部”“中学部”等。

文艺学院院长沙可夫——理论家、教育家；副院长吕骥，音乐家。还有政治学教师甘霖，美术家何洛、沃渣。教员有戏剧系主任崔嵬兼授导演课，胡苏讲编剧，牧虹讲化妆，韩塞讲戏剧概论。

韩塞讲课不拿稿子，但效果很好。他说：“话剧是外来的艺术形式。在五四运动前后一些爱国人士、学者、专家、名流东渡日本借鉴西洋话剧，李叔同演过小仲马的《茶花女》，轰动一时。话剧组织曾创办了‘春柳社’和‘南国社’，还创作了一些剧本，如《苏州夜话》《湖上的悲剧》。在日本留学的还有田汉、欧阳予倩，他们回国后发展了话剧事业，他们是我国话剧的创始人、开拓者。”

韩塞每次讲戏剧概论，内容精辟练达，对十七八岁的学生来说在理论水平上是大提高、大跨越。

话剧是解放区最受欢迎的艺术形式。戏剧系主要是排戏，排演过《驿站》《丹丽》等十几部苏联话剧，大部分戏我都参加了演出。印象最深的是《带枪的人》和

《参加八路军》。《带枪的人》是苏联名作家包戈廷的剧作，写十月革命前夕，在列宁、斯大林的领导下，沙俄军的觉醒。在纪念中国共产党成立 20 周年暨庆祝抗战 4 周年之时，由联大文工团和联大文艺学院师生合演此剧。导演崔嵬，演员牧虹饰列宁、韩塞饰斯大林，演员还有丁里、崔嵬、张铮、胡海珍和我，等等。

演出在陈家院打谷场上进行，搭了两个台子（九场戏）轮换演出，从黄昏演到明月高挂，群星闪耀，直到东方升起朝阳。聂司令员、成仿吾校长始终聚精会神地看，直到最后一场“列宁”振臂高呼：“群众再也不怕带枪的人了”。全体观众响起经久不息的掌声。演出后，有的干部和群众跑到后台大声说：“同志们辛苦了，谢谢你们！”有的群众看着正在卸装的“列宁”和“斯大林”久久不肯离去。牧虹、韩塞饰演的两个领袖形象，至今留在人们记忆中，久久不能忘怀。演出后，聂司令员请演员吃饭，并合影留念。那一晚也是韩塞最激动、最幸福的一晚。

《参加八路军》由崔嵬编剧，韩塞饰八路军，剧中他怀着深仇大恨高呼：“打倒日本帝国主义……”台下观众群情激愤，顷刻间发出巨雷般的吼声——“打倒日本帝国主义！”……呼喊声震荡山谷……

韩塞在调到晋察冀军区“抗敌剧社”担任演员队长和创作组长时还参加两部大戏的演出。《前线》和《俄罗斯人》，这两部戏都反映卫国战争时期，部队出现“保守主义”“客里空”式的人物及讲空话的不良作风，该剧都给予了无情的揭露，对部队很有教育意义。韩塞在《前线》中饰欧格涅夫，深受部队干部和战士的欢迎，演出颇为成功。

结出硕果

韩塞经历了几次反“扫荡”。日军每年春秋两季对边区进行大“扫荡”。1941 年，反“扫荡”开始了，敌人专门袭击不拿枪的后方人员。敌人疯狂地追击，同志们在密集的枪林弹雨中穿行，大队人马夜以继日翻山越岭，翻越五台山最高峰骆驼梁，在满山荆棘的密林中夜行军，一夜要走七八十里路，和敌人兜圈子。战争是残酷的，生活是艰苦的，医疗条件根本没有。韩塞右膝盖上有一个铜钱大的脓疮，疼痛难忍，寸步难行，但他从不掉队，咬着牙，在艰难中行进。敌人封锁蚕食，边区遇灾荒，缺粮少盐，韩塞和侯金镜在密集的山林中挖野菜充饥，同志们吃黑豆、树皮……能吃顿高粱黑豆饼半饥半饱就挺满足了。

韩塞根据栾平洞台村的真人真事写成报告文学《不要杀他》。讲的是一个班长、战斗英雄，在村边开枪误伤了一个老乡。军纪不容，部队领导决定对其执行枪决示众。犯军纪的班长被绑在马槽上，班长一声不吭默默等待执行死刑。消息传遍全村，震动了全村的男女老少，群众都涌向部队，把部队领导围个水泄不通，齐声喊着："不要杀他！"村长挤过来大声喊："班长在战场上立过功啊，他可不是有意害咱老百姓，我的工作没干好，要杀先杀我吧……"一位老人从人群中跑过来，他用颤抖的声音说："老乡们啊！我活了六十多岁没见过这么好的军队啊！人家给了安家钱，边区票顶联合票十几万啊！还给一袋子小米。班长没罪，乡亲啊，下跪吧……"死者的母亲从人缝中跌跌撞撞走出来，流着泪抱住领导的腿紧紧不放："班长是好人啊！不要杀他呀！"部队领导在群众的苦苦要求下，"不要杀他"的呼声改变对班长的刑罚，改为戴罪立功。军民鱼水情，胜过母子情，情节十分感人。

该报告文学登在《子弟兵》报上，后收入中国人民文学丛书《解放》中。中华人民共和国成立后被选入中学语文课文。

经过严酷的战争洗礼，韩塞写出《战斗进行曲》歌词，王佩之为之作曲。

我擦好三八枪，
我子弹上了膛，
我挎上了手榴弹呀，
给敌人的好干粮。
我刺刀拔出了鞘呀，
刀刃闪闪亮。
敌人你别猖狂，生铁碰上了钢。
我撂倒一个，俘虏一个，
缴上他几支美国枪。

《战斗进行曲》铿锵有力，气势雄壮，堪称力作。在解放区广为流传。中华人民共和国成立后该曲被选入辽沈战役电影插曲中，并收入由中国青年出版社出版的《解放军歌》第一集中，也被选入中国唱片公司出版的"盒磁带"中，作为革命歌曲载入史册。

（本文选自《中国鲁艺》，有删节）

“文艺界尽责的小卒”
——抗日战争中的老舍

文／陈　虹

读书人的“气节”

……我着急，而毫无办法。战事的消息越来越坏，我怕城市会忽然的被敌人包围住，而我作了俘虏。死亡事小，假若我被他们捉去而被逼着作汉奸，怎么办呢？这点恐惧，日夜在我心头盘旋。是的，我在济南，没有财产，没有银钱；敌人进来，我也许受不了多大的损失。但是，一个读书人最珍贵的东西是他的一点气节。我不能等待敌人进来，把我的那一点珍宝劫夺了去。我必须赶紧出去。

——这是老舍写下的一段文字。就这样，他走了，不为别的，只为读书人心中所坚守的“气节”，那个被他所认为的“最宝贵的东西”。

车站里，人山人海，拥挤不堪；车厢里，人满为患，哭闹喧天。为了逃命，不少人甚至爬上了车顶，竟以自己的生命进行一拼。老舍的心在狂跳，但他没有犹豫，更没有去兑现离开家时留给妻子的那句承诺，他硬是用两块银圆敲开了一节车厢的窗户，然后艰难地爬了进去……

他丢下了自己的家，丢下了自己的亲人，此时最大的孩子才满四岁，最小的刚刚出生三个月。他心里很明白，这一走，无疑将是一次生离死别——一边是自己前途莫测，生死未卜；一边是济南即将沦陷，柔弱的妻子带领着三个年幼的儿女将不知何以为生。

弱女痴儿不解哀，牵衣问父去何来？
语因伤别潸成泪，血若停流定是灰！
已见乡关沦水火，更堪江海逐风雷？
徘徊未忍道珍重，暮雁声低切切催！

这是老舍死里逃生后写下的诗句，读它，让人如何不落泪？让人如何不联想起当年蔡文姬离开南匈奴时面对亲生儿女所写下的那首《悲愤诗》？但是为了读书人最珍贵的气节，老舍舍弃了儿女情长。抵达武汉后，他给友人陶亢德写了一封信："我想念我的妻与儿女。我觉得太对不起他们。可是在无可奈何中，我感谢她。我必须拼命地去做事，好对得起她。男女间的关系，是含泪相誓，各自珍重，为国效劳。男儿是兵，女子也是兵，都须把最崇高的感情生活献给这血雨刀山的大时代，夫不属于妻，妻不属于夫，他与她都属于国家。"——字里行间的情怀是何等的壮烈！

老舍毅然决然的出走，其动力无疑来自他的爱国情操。然而与其他人相比，他似乎又更加具有自己独特的背景：他的父亲——一名普通的八旗小兵，死于1900年八国联军的入侵；当时还在襁褓中的他，同样险些葬身于侵略强盗的刺刀下。为此他的第一篇习作《小铃儿》，写的就是打倒日本、报仇雪耻的故事；而他后来的小说，讽刺、鞭笞的对象，也几乎都是那些洋牧师或是吃洋教饭的家伙们。

正因为如此，当日本侵华战争的炮火打响之后，老舍的心受到了较一般人更为深切的创痛。他义愤填膺地拿起笔来，将日本强盗的血腥暴行一笔一笔地记录了下来。这里面没有了他往日的风格，也没有了他一贯的幽默，这里面记载的全是血和泪，全是他以"身临其境"为代价而获得的铁一般的"证据"。

这是在济南——

……不但看见了敌机，而且看见他们投弹，看见我们受伤的人。到我快离开济南的那天，自早七时至下午四时，完全在警报中。三架来了，投弹，飞去；另三架又来了……如是往还，安然自在，飞得低，投弹时更须下降，如蜻蜓点水；一低一斜地，就震颤了。

这是在重庆——

（1939年5月4日）七时了，解除警报。由洞里慢慢出来，只见满天都是红的。这红光几乎要使人发狂，它是以人骨、财产、图书为柴，所发射的烈焰。……脚底下是泥水，碎木破砖，焦炭断线；脸上觉到两旁的热气；鼻中闻到焦味与血腥。砖柱焦黑的静立，守着一团团的残火，像多少巨大的炭盆。失了家，失了父母或儿女的男女，在这里徘徊，低着头，像寻找什么最宝贵的东西似的。

……

老舍亲身经历了这一切，他写下了这样的文字："这是轰炸。这只教你有一口气便当恨日本，去打日本！"——就是为了这个，他告别妻儿，背井离乡，去追寻抗日的团体；就是为了这个，当他在武汉寻找到了自己的归宿时，便毫不犹豫地担负起了"文协"的领导重任。

尽责尽力的“小卒”

“文协”的全称是中华全国文艺界抗敌协会，它成立于1938年3月27日。它的成立，标志着战时的文艺界终于有了自己的组织，标志着全国作家开始以集体的力量为抗日战争服务，标志着文艺界抗日民族统一战线的正式告成。当年亲自部署与领导这一工作的周恩来这样说：“全国的文艺作家们，在全民族面前空前地团结起来。这种伟大的团结，不仅仅是在最近，在中国历史上，在全世界上，如此团结也是少有的！这是值得向全世界骄傲的！”老舍十分激动，他在《我们携起手来》一文中这样写道：“分散开来，他们也许只能放出飞蚊的微音；联合起来，他们定能发出惊天动地的怒吼——大家‘能’凑在一起呐喊，就是伟大！”

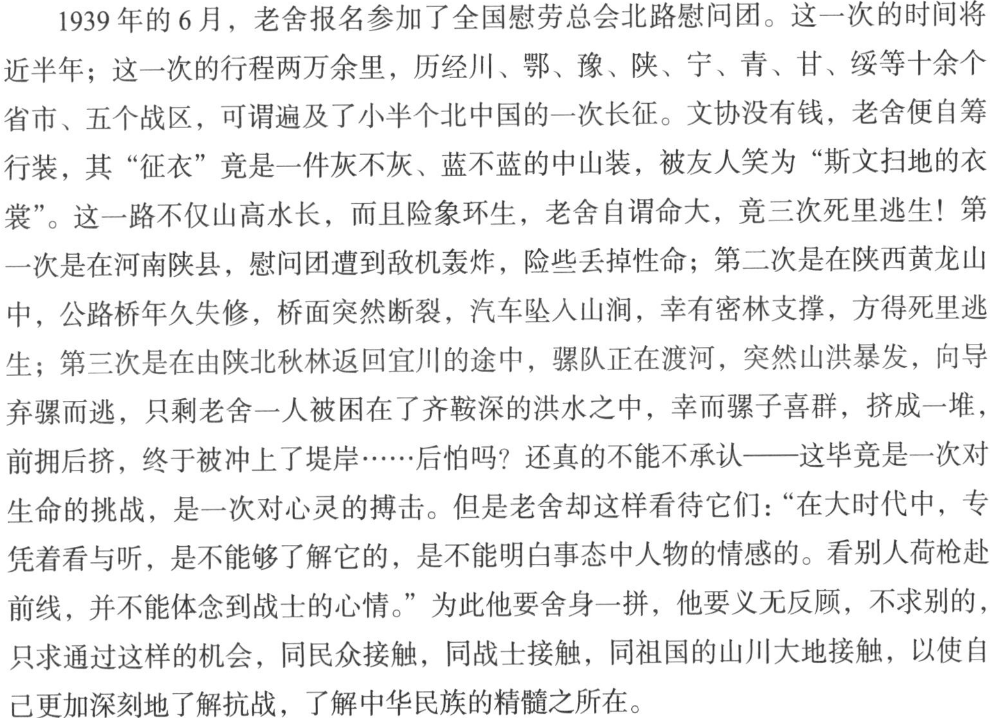

1939年的6月，老舍报名参加了全国慰劳总会北路慰问团。这一次的时间将近半年；这一次的行程两万余里，历经川、鄂、豫、陕、宁、青、甘、绥等十余个省市、五个战区，可谓遍及了小半个北中国的一次长征。文协没有钱，老舍便自筹行装，其“征衣”竟是一件灰不灰、蓝不蓝的中山装，被友人笑为“斯文扫地的衣裳”。这一路不仅山高水长，而且险象环生，老舍自谓命大，竟三次死里逃生！第一次是在河南陕县，慰问团遭到敌机轰炸，险些丢掉性命；第二次是在陕西黄龙山中，公路桥年久失修，桥面突然断裂，汽车坠入山涧，幸有密林支撑，方得死里逃生；第三次是在由陕北秋林返回宜川的途中，骡队正在渡河，突然山洪暴发，向导弃骡而逃，只剩老舍一人被困在了齐鞍深的洪水之中，幸而骡子喜群，挤成一堆，前拥后挤，终于被冲上了堤岸……后怕吗？还真的不能不承认——这毕竟是一次对生命的挑战，是一次对心灵的搏击。但是老舍却这样看待它们：“在大时代中，专凭着看与听，是不能够了解它的，是不能明白事态中人物的情感的。看别人荷枪赴前线，并不能体念到战士的心情。”为此他要舍身一拼，他要义无反顾，不求别的，只求通过这样的机会，同民众接触，同战士接触，同祖国的山川大地接触，以使自己更加深刻地了解抗战，了解中华民族的精髓之所在。

抗战爆发之前，老舍只是一名书生，一名十足的书生。他曾经自动辞去了收入颇丰的“劝学员”的职务，为的是不与官府“同流合污”；他也曾经自动辞去了受人尊敬的齐鲁大学的教职，为的是能够专心致志地从事写作。他称自己是一个“喜静的人”，是一个“喜清洁与秩序的人”。他的“理想”并不高，只要一张“干净的桌子”，一副“合手的纸笔”，还有一园“可爱的花草”。然而，当文协的重担落在了他的肩上之后，他没有推卸，慨然相承，而且一干就干了七年多。

老舍的工作及其所取得的成绩，那是众人皆知的。第一，文协最早提出了“文章下乡”“文章入伍”的口号，并且多次组织各种形式的战地访问团或慰劳团，深入民众和军队，深入前线和后方，极大地促进了文艺与抗战的结合；第二，文协大力支持并发动作家为前线将士创作各种各样的通俗易懂的文艺作品，极大地促进了通俗文学的发展；第三，文协始终注意开展多方面的联谊活动，并在全国各主要城市（沦陷区除外），如成都、贵阳、桂林、昆明以及延安、香港等地建立了分会，既加强了文艺家之间的团结与合作，又使得这一组织严密、有序，步调一致；第四，文协坚持出版自己的会刊《抗战文艺》，它不仅是抗战期间“寿命”最长的一份刊物，而且成为抗战之中文艺界的一面鲜艳的旗帜，就连老舍自己也情不自禁地夸赞道：“它实在是一部值得重视的文献。它不单刊登了战时的文艺创作，也发表了战时文艺的一切意见与讨论，并且报告了许多文艺者的活动。它是文，也是史，使读者看到作家们是怎样在抗战中团结到一起，始终不懈地打着他们的大旗，向暴敌进攻的。”

在这一系列的繁重工作中，老舍不仅亲自执掌帅旗，而且处处率马以骥。比如在发动援助贫病作家及为前线将士募捐的活动中，都是他亲自起草呼吁书，甚至献字、献稿进行义卖；在组织作家参加战地访问团或慰问团的过程中，同样是他带头报名，跋山涉水，不辞劳苦；在发动作家为士兵编写通俗读物的活动中，他带头当教员，带头写作品，他创作的鼓词《抗战一年》，竟于一天之内散发了一万多份；在声讨周作人附逆投敌的斗争中，他依然亲自撰写公开信，代表文协公开进行战斗……

对于自己的成绩，老舍从不宣扬。胡风曾感动地说：“要他卖力的时候他卖力，要他挺身而出的时候他挺身而出，要他委曲求全的时候他委曲求全”，充分表现出了“舍己的胸怀”。茅盾的评价是：“如果没有老舍先生的任劳任怨，这一件大事——抗战的文艺界的大团结，恐怕不能那样顺利迅速地完成，而且恐怕也不能艰难困苦地支撑到今天了。”

老舍在文协的工作，使他能够获得机会与共产党人密切接触，从而使他对这一政党有了更加深刻的认识和了解。

老舍与毛泽东的接触，是通过北路慰问团抵达延安而获得的机会。那天，他不仅在各界的欢迎大会上见到了毛泽东，聆听了他的讲话，而且在招待宴会上还与他并肩而坐。毛泽东举杯向老舍敬酒，他一饮而尽，并起身回敬道：“毛主席是五湖四海的酒量，我不能比。我是一个人，毛主席身边则是亿万人民群众啊！”酒宴结束后，老舍禁不住又表演了一段京戏清唱，以表达自己对革命圣地及革命领袖的热爱。

回到重庆后，老舍写下了一首数千行的长诗《剑北篇》，讲述了作为战地慰问团的一名成员在西北的全部经历——所见、所闻、所思、所感，其中记录了他对延安的认识：

看，那是什么？在山下，在山间，
灯光闪闪，火炬团团？
那是人民，那是商店，
那是呀劫后新创的：
山沟为市，窑洞满山，
山前山后，新开的菜圃梯田；
听，抗战的歌声依然未断，
在新开的窑洞，在山田溪水之间，
壮烈的歌声，声声是抗战，
一直，一直延到大河两岸！
轰炸的威风啊，只引起歌声一片：
唱着，我们开山，
唱着，我们开田，
唱着，我们耕田，
唱着，我们抗战，抗战，抗战！

（本文选自铁军传媒网，有删节）

南安籍战地记者：以笔为枪的抗战岁月

文／何雪莲　林梅治

七七事变后，许多青年记者立即奔赴华北和西北战场，采访战时新闻。战地记者几乎和战士一样每天面对敌人的炮火，凭着将生死置之度外的勇气和无畏，用笔、用镜头记录中国抗日军民的英勇，日军的残暴和每一次重大事件、战役的发生发展。

"南安籍战地记者张幼庭和陈山'以笔为枪'，用染着硝烟的文章见证中华儿女奋起抗敌的历史。"南安市新四军研究会会长黄贞谅说。

回乡开展革命工作　建立中共岭兜支部

张幼庭，原名张栋梁，1910 年出生于南安官桥岭兜村，菲律宾归侨。

1929 年，张栋梁在厦门大学读书时加入中国共产党，受中共厦门市委指派回乡开展革命活动。他以创办岭兜学校为掩护，与当地知识青年张嘉民、张尚霖等人发动各村联合创办梅岭小学，组织"岭兜青年促进会"和"岭兜儿童团"，发展进步青少年参加革命。1930 年在岭兜张氏祠堂建立中共岭兜支部，点燃晋南大地的革命火种。

"张栋梁以教员身份组织的地下革命活动取得乡亲的支持，而岭兜也成为当时群众基础最好的革命根据地。"官桥镇文化站原站长张克印说。

"中共岭兜支部是南安乃至泉州在第二次土地革命战争时期最早的党支部之一。"黄贞谅说，九一八事变后，党组织在岭兜成立"晋南学生抗日联合会""晋南抗日反帝大同盟"等团体，开展爱国民主活动，其进步思想在晋南地区影响十分广泛，岭兜村也因此成为"中共晋南县委"与"中共晋南同中心县委"的发祥地。

1935 年 10 月，红三军团长尹利东、政委李剑光到岭兜后，将晋南武装队和赤卫队扩编为晋南游击大队，进行抗日宣传活动，镇压一批土豪劣绅，被国民党视为"眼中钉""肉中刺"。

岭兜“曾经牺牲了十一位优秀儿女，一百一十六位支持革命的群众被捕入狱，被国民党烧毁三个自然村，损失财物不计其数”。张克印说，1935 年秋，国民党调集重兵“围剿”晋南游击区，红军游击队在与敌军顽强斗争后，终因敌强我弱，根据地受到严重破坏，苏区领导人分散隐蔽。

以记者身份再度回国　采访中遭日机轰炸牺牲

国民党“围剿”前，张栋梁被国民党当局悬赏缉捕，在党组织的帮助下远渡菲律宾，改名张幼庭，后由其兄张楚生介绍在怡朗华商中学任教。

“在菲期间，张幼庭积极投身抗日救亡运动。”张克印说，1936 年 6 月，张幼庭参与发起成立“怡朗华侨抗日救亡协会”，努力开展宣传抗日救亡道理和中国共产党的主张；通电谴责国民党制造“皖南事变”；组织爱国青年华侨回国参加抗日斗争，募捐款项支援八路军、新四军抗战等。

1938 年 1 月，张幼庭参加菲律宾“华侨战地记者通讯团”，眼看着国人正遭受苦难，国家正处于生死存亡之际，他坐不住，马上决定以《华侨商报》记者身份回国参加抗战。

到武汉抗战时，张幼庭曾受到毛泽东、周恩来的接见。在周恩来主管的机关领导下，张幼庭前往战区采访抗战新闻，向海外华侨和全世界报道。同年 7 月，张幼庭前往华东采访九江战役，乘坐轮船到湖北蕲春时遭日机轰炸，不幸牺牲。

当时中共中央机关报《新中华》发表社论《华侨在抗战中的作用》指出：“回国参战的侨胞中间，有出生入死的担任战地采访的华侨记者团，其中菲岛商报记者张幼庭，第一个光荣地殉难于祖国的原野了。”这是对张幼庭弥足珍贵的评价和悼念。

部队随军记者陈山　以笔为枪进行抗日

“陈山是新四军前线部队随军记者。”黄贞谅说，陈山自小在南安石井读小学，考入漳州师范，参加地下革命，同中共党组织接触频繁。因此受到国民党当局的注意，生命安全受到威胁。

陈　山

1942 年，他离开家乡到广西桂林投奔革命，1943 年 9 月到中国共产党领导的广西桂林文化供应站工作。

在桂林学习期间，陈山到桂林俄文夜校补习俄文，刻苦学习、成绩优异，相继翻译出版《化学武器的故事》《地球的历史》《人类是怎样成长的》等小册子。

1944 年夏，侵华日军向大西南大举进攻，陈山跟随中共党员孙亚明等俄文夜校同学撤退到桂林龙胜，准备在当地坚持打游击。后因组织被破坏，于 1945 年 1 月辗转到重庆，参加地下党外围组织的“新民主主义小组”。

1945 年 5 月，陈山被分配到党报《七七日报》任新四军前线部队随军记者，以笔为枪抗日，记录中国抗日军民的英勇。“中华人民共和国成立后，陈山还编译出版《当代巨人——资本主义政治社会科学概要》一书，被学术界称为我国俄文翻译界的老前辈。”黄贞谅说。

（本文选自《南安商报》）

燕城：以笔为戈的烽火岁月

文／魏兴谷　洪顺发　林　丹

“我经常看见村里来了不少挑着纸张的挑工，挑工们在山路中穿梭前行，常常是累得满头大汗。”在永安市曹远镇霞鹤村（原虾蛤村），八十岁村民黄永麟回忆起七十多年前村里的往事，记忆犹新。

位于虾蛤村（今霞鹤村）黄氏宗祠的改进出版社旧址

黄永麟说，当年，村里还来了一些手拿稿纸的人，河边一处房屋总会传来印刷机发出的“嘎吱嘎吱”声，夜晚依然响着。

七十多年后，黄永麟老人仍然不知道，在村中黄氏宗祠里居住的，正是当时为躲避日军飞机轰炸而迁来的改进出版社编辑部人员。而对于迁往永安的数万人中，这还只是冰山一角。

为避日机出版社搬进小山村

1938 年 5 月，东南沿海遭日军铁蹄蹂躏，省会福州危在旦夕，经过前期调研勘察，福建省政府内迁永安，大量政府机关单位、企事业单位、学校持续迁入，并落脚城郭乡野，长达七年。

即便深居闽中内陆，抗战期间，永安仍遭日军飞机十四次无差别轰炸，在这样的环境下，一批文人学者以笔为枪，扛起宣传抗日救国的大旗，他们在永安乃至全国各地发出团结抗战的声音。

1938 年 6 月初，中国现代著名作家、翻译家、教育家黎烈文到达永安，投身永安抗战洪流，担任改进出版社社长兼编辑部主任，并任福建省政府参议。他主持出版社工作，先后创办了《改进》《现代文艺》《现代青年》和《现代儿童》月刊，以及《战时民众》《战时木刻画报》等。还出版《改进文库》《现代文艺丛刊》《世界大思想家丛书》《世界名著译丛》等大视野的丛书，一方面积极宣传抗战，一方面积极传播新的思想。

黎烈文在《改进》杂志创刊词《我们的希望》中引用鲁迅的话说，“办刊物犹如推重车上峻坡”。办刊物的艰难他是心中有底的，说明他已经做好充分的准备。

当年，为躲避日机轰炸，改进出版社编辑部及其印刷所迁入距离城区三四公里之远的虾蛤村（今霞鹤村），借用黄氏宗祠作为出版社及工作人员住所。虾蛤村位于永安市西南部，全村仅有三百余人。

《现代文艺》的主编王西彦后来回忆初见祠堂的破败：“矮小而破败的村屋，好像一群衣不蔽体的野孩子，浑身战栗地蹲伏在那里，呆望这昼夜哀叹的流水。小祠堂同样矮小而破败。一排三间已经破旧不堪，仿佛随时都可能倒塌。”

王西彦日后也曾回忆，黎烈文经常通宵达旦地处理公务，同时挑灯做翻译工作。

如今，祠堂修葺一新，并被列为永安抗战文化旧址。村口靠近路边就是改进出版社的印刷所，所内长满了杂草，只剩下几堵残墙，记录着历史的印记。

黄永麟说，那时，他和村里的其他小孩一样，对印刷所内的一切都感到好奇。有胆子比较大的孩子冲进印刷所时，印刷工人有时便用废纸刮下沾满手臂的油墨，朝小孩脸上抹去。

如今，在霞鹤村黄氏宗祠里，用展板陈列着改进出版社的辉煌事迹。霞鹤村村书记黄春斌指着正厅左侧黎烈文住过的房间说，当时在黎烈文离开之后，在其居住的阁楼发现了数份手稿，可惜最后都遗失了。

1940 年夏，中共东南局文委负责人邵荃麟和作家葛琴夫妇因遭到敌人通缉，辗转来到永安，经黎烈文出面保荐，并得到国民党福建省政府主席陈仪特准留下，安排在改进出版社工作，也居住在虾蛤村。

邵荃麟是中国文艺理论家、现代文学评论家、作家。抗日战争全面爆发后，他为《现代文艺》《现代青年》《改进》《抗战戏剧》等刊物撰写文章，创作了四幕话剧《麒麟寨》等，宣传抗日，反对投降。1938 年 8 月 16 日，邵荃麟的小说《客人》发表于《改进》第一卷九、十期合刊。

据黄春斌介绍，抗战期间是有一对夫妇曾住在他们家祖屋的一个厢房里，但直到二十世纪八十年代，上级来普查文物的时候，在该旧址上立了个牌子，他们才知道原来住在这里的就是邵荃麟夫妇。其时，邵荃麟夫妇是国民党当局通缉的中共党员，但受到陈仪和黎烈文的保护，在虾蛤村进行编辑工作。

大量抗日刊物齐聚永安发声全国。在抗战期间，永安与全国的文化交流都不曾中断。

彼时的永安城，大量机关单位和学校涌入，在时任省政府公报室编译兼省政府图书馆馆长董秋芳看来，永安城“知识荒超过了每天的粮食荒，一般公务人员和知识青年的叫荒声响彻了这弹丸之地”。

基于永安城的现实条件，加上当时的省政府主席陈仪和刘建绪相对开明的政治主张，支持宣传抗日救亡，大量的报刊和出版社应运而生，全国各地知名的文人学者，如羊枣、黎烈文等齐聚永安城。

永安市民间党史研究者安孝义说，当时，黎烈文聚拢了一大批文人学者操办刊物，其中又以《改进》和《现代文艺》最为出名，巴金、老舍、艾青、冰心、马寅初、台静农、邵荃麟、臧克家等诸多名家都为其撰稿。林语堂、郭沫若、吴伯箫、朱自清、胡愈之、章乃器、孙科、李宗仁等名家的手稿和书信，一次又一次送抵虾蛤村，他们的文章在这里审阅编辑，在这里排成铅字，在这里印刷成书刊，然后，从小小码头出发，发散到全国各地。

《改进》的内容涉及文学、经济、国际政治、抗日救亡等诸多问题，其发刊词就阐明了该刊宗旨，即“配合长期抗战需要”并“建立一个推动内地文化的据点”。而《现代文艺》的发行量甚至一度达到上万份。《现代文艺》为永安城乃至全国各地知识青年提供了精神养分。

永安市民间党史研究者安孝义数十年来曾通过各种方式收集到上百份《现代文艺》，其中百分之七八十都是从全国各地搜集来的，只有百分之二三十是在永安和福建各地搜集来的。当时在永安求学的各地学生不少，一些学生购买了《现代文艺》，在抗战胜利之后还将其带了回去。日后，安孝义在其后人的手中也见到了这些刊物，可见其影响之深。

据不完全统计，在战时的永安，1938 年 5 月至 1945 年 10 月，有近四十二家大小出版社、四家新闻通讯机构、十九家印刷所、十六家发行机构，编印、发行报纸十二种、各类期刊一百二十多种，出版八百多种各类丛书、丛刊和专著。

日夜兼程撰稿油印，当时办报办刊的艰苦之处，远非今天所能想象。

今年已届一百零四岁高龄的高时良先生，曾参与由中共地下组织直接领导创办的《老百姓》报的编辑工作。在其文章《在永安抗战文化活动的年代里》及《峥嵘岁月，笔影枪声——抗日战争时期永安进步文化活动侧记》中，高时良写道“那时永安尚无电灯，我们白天上班办公，晚上在油灯下撰稿，刻蜡版，油印都是自己动手”。其后，随着编辑队伍不断扩大，办刊也从油印改为铅字排印，发行量也从数十份扩大到数千份，《老百姓》刊登过八路军、新四军的抗日功绩，也发表过联俄、联共、扶助农工三大政策的文章，但后来还是被国民党当局勒令停刊。

类似的审查及迫害在永安抗战文化繁荣之中也贯穿其间，《现代文艺》首期遭审查诘难，主持《国际时事研究》的羊枣锒铛入狱最终遇难，类似的迫害事件还有很多。

（本文写于2015年8月，选自《三明日报》，有删节）

沙可夫：举起艺术的利刃去战斗

文／缪　雨

一个迫切而庄严的任务

沙可夫

我们是艺术工作者，我们是抗日战士，艺术是我们的武器，为苏维埃而战斗，为打倒帝国主义，为争取中国解放、独立而奋斗到底……

——《鲁迅艺术学院院歌》

在1933年3月30日出版的《红色中华》上，刊登着这样一篇报道，报道中被称为“开辟了苏区文化教育的新纪录”“是苏维埃文化与工农大众艺术的开端”的戏剧，正是由沙可夫执笔创作的多幕剧《我——红军》，该剧在瑞金的首演，获得了空前的成功，轰动一时，此时距离他来瑞金才一年时间。

而他的另一部戏剧《血祭上海》的成功演出，则在很大程度上促成了鲁迅艺术学院（以下简称“鲁艺”）的诞生。

当时，中央宣传部特地举行会餐招待慰问《血祭上海》的全体演出人员，那是1938年的1月。出席的还有毛主席，他在谈笑风生之余，希望这个聚集了许多人才的演剧集体不要散，要继续排出好戏来。于是，有同志建议创建一所艺术学院，立刻得到了毛主席的赞许。

这是个迫切而庄严的任务，作为筹建延安鲁迅艺术学院的负责人之一，沙可夫遇到了空前的困难，没有校舍、没有师资、没有教材，什么都没有。“当时在根据地创办这个学院是十分困难的，在沙可夫等同志的努力下，白手起家，从几个破窑洞办起了一个规模相当大的艺术学院，从几个人发展到八百多人，实在是极不容易的事。”已故的著名导演崔嵬曾经这样评价道。当时沙可夫是鲁艺的副院长，院长暂缺，于是他既在戏剧系教课，也在文学系讲《苏联文学》，又在全院上大课教俄文。

当年鲁艺汇集了来自全国各地的文学家、艺术家和有志于文艺事业的革命青年，穆青、贺敬之、冯牧、李焕之、于蓝、秦兆阳、黄钢、康濯等均为鲁艺学员，他们每一个人的名字都在不远的将来照耀整个文坛。

1939 年，那是一年中最炎热的 7 月，沙可夫接到一个新的任务。华北联合大学要挺进华北敌后去开展国防教育，作为鲁艺的创建人之一，鲁艺这个梯队由他率领，在罗瑞卿、成仿吾的指挥下，开始了长途跋涉的行军生活。

道别的这一天来临了，“到敌人后方去，把鬼子消灭尽”，歌声响彻山间，回荡在延河两岸。头顶着烈日，背起行囊，一身戎装的沙可夫手牵着一匹绛色的马，走在队伍前面。

“从夏天到秋天，一路上我们有时被敌人追击；有时被敌人占据了我们的宿营地；有时我们几天几夜连续行军，甚至还有吃不上饭的时候。”沙可夫一路指挥与开导，让这群未曾经历过战火的知识分子能够斗志昂扬、坚持行军。难怪他的学生司丁在回忆这段经历的文章里深情地写道：“他是我尊敬的上级，亲切的老师，战争中的战友。”

他的女儿陈汉丽，至今还保存着一架沉甸甸的老式双筒望远镜，那是她父亲一直带在身边的。这架望远镜曾经见证过沙可夫一路险象环生、生死交织的征程，也经历过沿途晨雾的洗礼、夜露的沾湿、风沙的打磨。那一次的行军，他一定也带着这架望远镜，他一定透过镜头焦急地眺望过远方，唯恐遭到敌人追击与埋伏。

就是这一年的中秋之夜，在皎洁的月光下，这支革命的文艺队伍，终于顺利抵达晋察冀边区。当时那里是一个战斗非常紧张、生活异常艰苦的地区。在他与众多有志青年的努力下，党的革命文艺工作终于得以继续生根发芽、茁壮成长。

尾声与新生

在这海阔天空的清净世界里，在这巩固的祖国海岸上，呼吸着清爽、自由的空气，忘记了身上所有难治的病痛。沉浸在严肃而激动的思绪里，我感到无比的喜悦和力量。

——《海边抒情》

1961 年，青岛的海边，一位年近花甲的老者迎风而立。天高云阔，海鸥长鸣。

他从嘉兴海宁的小镇出走，聆听过塞纳河畔的乐声，感受过莫斯科的风雪，投

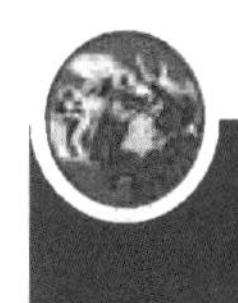

身于解放区热火朝天的文艺创作。他放弃了乐器的长弦，举起了艺术的利刃，向敌人的心脏扎去。他是一位战士，一位名叫沙可夫的艺术战线的战士，他的武器是艺术，他的战场是舞台。在他的手中，鲁迅艺术学院、华北联合大学、中央戏剧学院先后创建起来，为日后中华人民共和国的艺术教育，源源不断地输送着新鲜的血液。

此刻，他突然很想念那个远在海宁袁花的家乡，那里一样有着湿润的海风。他想再听一次妙果山竹林里的风声、再看一眼钱塘江的潮涌、再沿着宁袁塘河缓缓地散步，是时候回家了，是时候回家了。但他却再也没有回去。

“那年春节，他回北京参加我的婚礼，然后又回青岛疗养，没想到这次见面竟成了永别。”陈汉丽缓缓地诉说她与父亲的诀别，充满了深深的遗憾。“父亲的一生正如张爱萍将军对他的评价那样：他是一位艺术战线上的真正的共产党员。”

1961 年 9 月 1 日，沙可夫因脑出血在青岛病逝。

（本文选自《嘉兴日报》）

人民音乐家贺绿汀在抗战前线

文／蒋剑平　戴　勤　陈　程　申喜平

贺绿汀（1903 年—1999 年），又名贺楷、贺抱真，著名音乐家、教育家，湖南邵东人。1926 年加入中国共产党，早年曾参加湖南农民运动和广州起义。1931 年考入上海国立音乐专科学校，1934 年进入电影界。

贺绿汀

在上海滩，参加文化界救亡演剧队

贺元元是一位小提琴演奏家。她说，父亲贺绿汀是一位才华横溢的音乐人，更是一个意志坚定的革命者。从邵东九龙岭一个贫苦农民家庭走出来的贺绿汀，天资聪颖，从小勤奋好学，尤爱音乐。1923 年，他以第一名的成绩考入湖南岳云中学艺术专修科，1931 年又考入我国最早的音乐高等学府——国立上海音乐专科学校。在上海学习期间，贺绿汀参加了俄国钢琴家齐尔品在中国举办的中国民族民间风格音乐作品比赛，以钢琴曲《牧童短笛》《摇篮曲》分获一等奖和名誉二等奖，声名大噪。

作为一名热血青年，贺绿汀积极投身革命活动。1926 年秘密加入了中国共产党，开启了他波澜壮阔的革命音乐家的人生。他在邵阳担任过泥瓦工人的党支部书记，先后参加了湖南农民运动和广州起义。

凭《牧童短笛》一曲成名后，贺绿汀参与左翼电影事业，在明星电影公司担任影片配乐工作。他为《十字街头》《马路天使》等电影和话剧配乐作曲，创作了《春天里》《怨别离》《怀乡曲》《恋歌》《秋水伊人》《四季歌》《天涯歌女》等脍炙

人口的歌曲。

1937年淞沪会战后，日本侵略者加快了鲸吞中国的步伐，中华民族处于生死存亡的危急关头。上海文化界紧急行动起来，决定组织十三个救亡演剧队分赴各地活动，动员全民抗战。贺绿汀毅然放弃电影公司的优厚待遇，把妻子江瑞芝和三岁的大女儿贺逸秋送回湖南邵东老家，自己参加了演剧队，走上了抗日救亡的道路。贺绿汀被分在第一队，和马彦祥、宋之的、聂绀弩、崔嵬、欧阳山尊、塞克等一批著名文艺家一起，前往南京、武汉、陇海铁路沿线和西安等地，一路跋涉，一路宣传。

贺元元说，文艺家们的宣传，也是全民抗战的重要组成部分。就父亲贺绿汀而言，此行一个意想不到的巨大收获是，创作了不朽的音乐作品《游击队歌》。

在山西农村，激情写就《游击队歌》

在电影《穿越硝烟的歌声》中，有这样一幕：贺绿汀在八路军炮兵团参观，将士们告诉他，这些炮全是缴获日军的，是敌人为我们造的。贺绿汀脑中犹如触到电光石火，创作的冲动和欲望强烈撞击着他。回到驻地，在老乡的土炕上，他掏出纸笔飞快写了起来，载入史册的抗战歌曲《游击队歌》诞生了。

《穿越硝烟的歌声》编剧王青伟说，这是一个真实的故事。

1937年11月，救亡演剧队第一队辗转到达山西临汾八路军总部驻地，住在城郊刘庄八路军驻晋办事处。

办事处主任彭雪枫热情地接待了他们，并介绍了许多八路军抗战的情况，送给他们一批有关开展游击战的文件资料。一天，适逢彭雪枫给办事处学员们讲授抗日游击战术，贺绿汀坐在学员中间听讲，他被彭雪枫绘声绘色讲述的八路军运用游击战术打日军的故事吸引住了。晚上躺在炕上，脑海中浮现战士们在高山密林里神出鬼没、奋勇杀敌的一幕幕场景，嗒嗒的机枪声、隆隆的炮声、沙沙的脚步声，在他脑海中化成了一串串富有节奏感的音符。于是他有了为抗日游击队写一首歌的冲动。

接着，贺绿汀应邀访问八路军总部刚刚成立的一个炮兵团。听说这些大炮都是缴获日本鬼子的，贺绿汀突然灵感迸发：“没有枪，没有炮，敌人给我们造……”

晚上，兴奋不已的贺绿汀坐在老乡家的煤仓里，披着八路军一一五师三四三旅政委肖华赠送的平型关大捷战利品——一件日军的黄呢大衣，就着一盏昏暗的油灯，彻夜未眠，酣畅淋漓地完成了《游击队歌》的词曲创作：

我们都是神枪手，每一颗子弹消灭一个敌人；我们都是飞行军，哪怕那山高水又深！在那密密的树林里，到处都安排同志们的宿营地；在那高高的山冈上，有我们无数的好兄弟。没有吃，没有穿，自有那敌人送上前；没有枪，没有炮，敌人给我们造。我们生长在这里，每一寸土地都是我们自己的，无论谁要强占去，我们就和他拼到底……

1938 年 1 月上旬，在八路军一次高级干部会议上，《游击队歌》进行了首演。演剧一队全体队员演唱，贺绿汀亲自指挥。歌声刚落，会场上爆发出雷鸣般的掌声。贺绿汀转过身来，看见坐在前排的朱德、任弼时、刘伯承、贺龙，以及来边区访问的国民党将领卫立煌都在热烈鼓掌。朱德走上台来，紧紧握着他的手说：“这首歌写得好呀，写出了战士的心声，写出了我们游击队员的英勇气概！”

这首歌生动刻画出游击队员们机智、灵活、英勇的英雄形象，豪情奔放，通俗易唱，很快唱遍大江南北、长城内外的抗日战场，成为鼓舞抗日军民奋勇杀敌报国的进行曲。

为了学唱这首歌，八路军有的部队专门派人，骑马跑几十公里来抄曲谱。取得平型关大捷后，在临汾休整的六八五团团长杨得志，在再次率领部队出征前，请贺绿汀带着演剧队去部队教唱这首歌。他们一个营、一个连地教，直到部队高唱着“我们都是神枪手，每一颗子弹消灭一个敌人”，士气昂扬地出征。

朱德不但要求各部队学唱《游击队歌》，他自己也非常爱唱。为了不忘记歌词，朱德亲自将《游击队歌》工工整整地抄写在随身携带的一个小本子上。一有空闲时间，就翻出小本子，戴上眼镜，像歌迷一样反复吟唱，陶醉其中。

在八路军驻晋办事处，贺绿汀还创作了《保家乡》《日本四兄弟》两首歌。其中《保家乡》是专门向农民宣传抗战的歌曲，影响也很广。1940 年，《游击队歌》《保家乡》由美国哥伦比亚公司灌制成唱片，在海外发行。

几年后，1943 年 7 月，贺绿汀抵达延安，在王家坪八路军总部礼堂文艺联欢会上，见到了毛泽东。毛泽东握着他的手，高兴地说：“你的《游击队歌》写得很好啊！你为人民做了好事，人民是不会忘记你的。”

从重庆到延安，战斗的歌儿写不停

邵阳学院音乐系主任刘淮保说，在完成抗日救亡演出后，虽然战争原因导致工作不稳定、生活很艰苦，但贺绿汀创作抗战歌曲的热情持续高涨。

1938 年 8 月，贺绿汀到达陪都重庆，先在中央广播电台音乐组任职，后和妻子姜瑞芝来到离重庆五十多公里的乡下，到著名教育家陶行知先生创办的育才学校任教。据当年育才学校学生、后担任过中央音乐学院教授的陈贻鑫在一篇文章中回忆，贺绿汀上课时，“脚上穿着一双木屐，衣衫破烂处，肉都露出来了”。

生活极其困难，但没有消磨掉贺绿汀的创作热情。在重庆期间，贺绿汀心系抗战，积极参加抗战文艺活动，还被推选为中华全国音乐界抗敌协会理事，其音乐

生涯也迎来了第二个创作高峰。《嘉陵江上》《垦春泥》《弟兄们拉起手来》《中华儿女》《胜利进行曲》《还我河山》《空军进行曲》等歌曲充满战斗热情，鼓舞了全国人民的斗志。他的不少作品成为中国抗战音乐经典，如《嘉陵江上》寄托了人们对沦陷的东北三省的怀念，唱出了收复失地的决心。它问世后受到广泛欢迎，成为男高音独唱经典曲目。

1941 年皖南事变后，重庆局势严峻。周恩来关心贺绿汀的安全，要他离开重庆去延安。但由于国民党对去延安的道路封锁得太紧，贺绿汀让妻子带着孩子先去延安，自己在周恩来亲自安排下，绕道香港，辗转抵达苏北敌后根据地。当年 6 月他来到江苏盐城新四军军部，受到刘少奇、陈毅热烈欢迎。

在苏北，贺绿汀先后在华中鲁艺音乐系及新四军鲁迅艺术工作团任教，创办并主持音乐干部训练班工作。在鲁艺教学时，他创作了《打棒头》《哨兵歌》等歌曲，尤其是他谱写的混声四部大合唱《1942 前奏曲》，热情歌颂了中国人民和世界人民反法西斯斗争的磅礴气概。在新四军军部一次演出晚会上，陈毅军长观看了演唱。演唱开始前，警卫员给陈毅送上一杯茶，正当他举杯要喝时，合唱开始了，合唱第一句就是一个震撼人心的长音“啊……”。陈毅一愣，停止了喝水，聚精会神听演唱。二十多分钟过去了，直到全曲终了，陈毅端着茶杯一口也没喝。演出结束后，陈毅握着贺绿汀的手说：“很好很好，谢谢你！”

这首大合唱后来在部队演出时，产生强大的冲击力和震撼力，极大鼓舞了抗日军民的士气。

刘淮保认为，时隔两年多，贺绿汀再次进入共产党领导的抗日队伍，对抗战必胜有了更清晰和透彻的认识。《1942 前奏曲》问世，标志着贺绿汀的音乐创作进入了一个新阶段。

1943 年，贺绿汀到达革命圣地延安，见到了思念已久的妻女，也见到了革命领袖毛泽东。他先后在陕甘宁晋绥联防军政治部宣传队、鲁迅艺术学院等单位工作，创作了《烧炭英雄张德胜》《徐海水除奸》等多部歌舞剧，反映陕甘宁边区的新生活、新风貌。还创作了歌舞联唱《扫除法西斯》、民歌合唱《东方红》等作品，受到延安军民的欢迎。

抗战胜利后，他先后担任中央管弦乐团团长、华北文工团团长、中央音乐学院副院长等职，直到中华人民共和国成立。

贺绿汀说过：“活着，就是要为人民做事啊！我拿起笔，我写，我拉琴，我弹琴，我指挥，都想着人民，要为人民做事。”

（本文选自《湖南日报》）

祖父沈逸千的爱国情怀

文／沈原一

1934 年，沈逸千（右）与莫朴（左）塞上行合影

先祖父沈逸千的一生充满传奇色彩，既是一位有故事的历史人物，又是一位迄今仍可圈可点的杰出画家。历任上海美专国难宣传团团长、上海国难宣传团团长、《大公报》写生记者、《良友》画报战地记者、中华全国美术界抗敌协会理事、中国抗战美术出国展览筹备会总干事、战地写生队队长。

由于我祖父在重庆蒙难时，他刚三十六岁，我父亲那时才九岁，而我则是在祖父离世二十年之后呱呱坠地的。因此，祖父同龄人的回忆，为我打开了解祖父往事的大门。

我对于祖父其人其画进行研究，一晃已达三十余年之久。这几十年间，我不仅从故纸堆里了解到他老人家的辉煌历史，而且通过其亲朋好友的回忆，他的形象在我心目中更加立体、丰满起来。

童年显露绘画天才

祖父的大姐沈承瑾对我讲："你爷爷是 1908 年出生在嘉定镇，那一年，国内出了大事件，光绪和慈禧相继驾崩，大清王朝摇摇欲坠。他在家里兄弟姐妹中排行第五，原名承谔。他小时候抓阄，手里抓了一支笔，后来成为画家，在家人看来似乎是命中注定的。"

我曾专程赴祖父小学同窗、作家秦瘦鸥位于上海市淮海西路的寓所，聆听老先

生回忆童年。在此，则不妨引用被收入秦老著作《晚霞集》一书的《忆沈逸千》一文中有关文字："逸千从小爱好美术，几乎无师自通，十岁以后就能脱手画出各种人物、鸟兽等。嘉定（今上海市嘉定区）第一高小的墙壁上，经常有他的习作出现，同学们往往围观不散。"

青年投身艺术救国

因为热爱绘画艺术，祖父于1931年报考上海美专。当时，其考试成绩名列前茅，且水平在当时考生中可谓鹤立鸡群。于是，被校方破格录取为西画系三年级插班生。他于1931年2月入学，1932年7月毕业。

我祖母也是上海美专毕业生，比我祖父晚一届。她告诉我，爷爷在校期间很活跃，不仅在西画系上课，还经常到她所在的国画系听课，并尝试中西绘画技法相结合的新画法。他还与同学陶谋基、刘元组成"黑猫社"，经常创作漫画，针砭时弊。他是那时候中国第一个漫画家团体——"漫画会"的成员，与张光宇等人很熟。后来，九一八事变爆发，他马上组织身边一批热血沸腾的美专同学绘制抗日宣传画，迅速布置到南京路、四川路等闹市街头，以及北站乃至京沪（即南京—上海）铁路沿线；并加入赴南京向国民党政府请愿的学生队伍，强烈要求蒋介石出兵抗日。一·二八淞沪抗战期间，他置生死于度外，赴战地工作。

二十世纪八十年代初，我趁赴浙江写生之机，特意到坐落于杭州西湖畔的浙江美术学院，拜见我祖父的老战友莫朴院长。莫老找出一本相册，对我讲述了自己参加上海国难宣传团由沪北上并出塞的经历，对我祖父赞赏有加、敬佩不已。他还告诉我："其在主持美院工作期间，继承我祖父的遗志，坚持现实主义创作道路，一手伸向传统，一手伸向生活，由此形成了该美术学院的教学特色，培养了周昌谷、李震坚、方增先等新中国第一代彩墨人物画创作人才。"

我还记得1986年，当中国美术家协会上海分会在上海美术展览馆举办"沈逸千画展"时，莫老即以中国美术家协会浙江分会主席之身份发来了热情洋溢的贺信，现谨选录如下：

中国美术家协会上海分会暨沈逸千同志家属：

"逸千画展"来柬收到，谢谢。因近年身体欠佳，不能亲去祝贺、参观，非常遗憾，并祈原谅。

逸千同志是位极为忠诚于祖国的爱国主义画家，从二十世纪三十年代初，迄为歹人暗害失踪，一生以绘画为武器，为反抗日本帝国主义侵略，呼吁全国团结，枪口对外，勤奋作画，始终不渝。并协同其他同志，或深入边疆荒漠各兄弟民族之间，或奔走前方战地炮火之中，英勇艰苦，奋斗一生。后期并吸收我国传统人物画技法，在艺术上作了重要的开拓和贡献。值此大力提倡精神文明建设、艺术应贯彻为社会主义服务、为人民服务的号召下，你们展出逸千同志的遗作，确实极有意义……

其实，早在1933年，我祖父就率领“上海美专国难宣传团”北上声援“长城抗战”之役。获悉国民党当局竟然与日本侵略者签订了丧权辱国的《塘沽协定》，他痛感国难日益深重，便只身单骑出塞，团结蒙古族同胞。他在察哈尔、包头一带考察、写生，以敏锐的眼光发现了这个属于艺术家的伊甸园，并为包头毛毯厂设计了图样。回沪后，他将此行的成果，交给上海《时代画报》发表，复由上海时代图书公司出版了单行本《蒙边西北画刊》，受到读者青睐。

率国难宣传团出塞

1934年初春，时任“上海国难宣传团”团长的祖父，为了粉碎日本军国主义分子怂恿蒙古王公脱离祖国怀抱的阴谋，立刻率团携带着一批抗日宣传画出发，日夜兼程赶赴百灵庙举办国难画展，借“蒙古地方自治政务委员会”成立大会在该庙召开之际，去争取蒙古王公。这一年，他率“上海国难宣传团”出塞，浩浩荡荡地行经内蒙古三十多个旗。该团的团员皆由上海美专校友组成，其中除了莫朴先生，还有黄肇昌、顾廷鹏、俞创硕和王彬诸先生，以及我奶奶张仪，这批初出茅庐的热血青年，其六男一女的组合，恰巧形成了当时画坛的“七君子”。今有美术史书评述道:“最早走出‘象牙之塔’的莫过于1933年沈逸千率领的‘国难宣传团’。”

祖父遗作背后故事

作为一个有故事的画家，祖父的遗作背后则隐藏着鲜为人知的故事。在嘉定博物馆藏画中，有一幅我祖父画于1932年的《胡厥文考察陕西图》。现在该馆所常设的“胡厥文生平事迹展”中，尚有这幅画的复制品展出。

想当年，我祖父刚与上海美专师生辞别后不久，便以画家的身份跻身于“陕西实业考察团”，由此，一举拉开了二十世纪中国美术界“西行写生”运动的序幕。

这个当时由陇海铁路管理局组织的考察团于1932年8月成行，考察团分南、北两组，行程各达两千余里，其中仅几百里路可搭乘汽车，其余路程则只能靠骑马、骡、驴代步。适逢当地霍乱流行，全团人员冒着酷暑和感染霍乱的危险西行一月有余，翻山越岭，跋山涉水，虽有惊，但无险。老天有眼，其成员幸免于难，终无人殉命，圆满完成了考察任务，不辱此行的历史使命。

由于此次考察是民国史上最大规模的一次西部考察，也属于二十世纪中国西部题材绘画的破冰之旅，我祖父作为该团中唯一的一位画家，因此，其使命之重大，不言而喻。在考察途中，当其同乡、实业家胡厥文先生兴叹“劝君更尽一杯酒，西

出潼关无故人”之后，他则在洛川北郊挥笔为这位美髯公画像，立存此画作为纪念。胡老在晚年，慷慨地将此画捐赠给故乡嘉定博物馆收藏，从而让这段历史的可靠见证物成为后人研究的对象……

颇有意思的是，印在祖父上海美专毕业纪念册之个人专页上的一首佚名诗，居然好似其人生的注脚。且看：

众人皆醉君独醒，
先觉者自是劳碌命。
“九一八”山河颜色变，
奔走呼号喘不息……
别消极，不灰心，劝人家甜自己的心！
血泪染丹青，惊心动魄警国人！
至诚哀精卫，任劳任怨，一心掠夺中华魂！
革命种子仅尔硕果存！
民族灵魂只有你寄身！
东北羊亡你要去补西北牢，
海角天涯，荒郊绝塞，
茫茫前程何处是你的归宿？

笔者则透过这首诗，号到了时代的脉搏，感受到了祖父澎湃的心潮，亦可从中窥见他在校期间蓄志西征之心及忧国忧民之情。

这正是：往事如烟，岁月如诗。在祖父沈逸千一百零六岁冥诞之际，忆故人，慰忠魂，其意义非同一般。就让他老人家活在故事里，并在自己的作品中得以永生吧！

（本文写于2014年，选自《新民晚报》，有删节）

高士其的文化抗战

文／高志其

高士其

我从小生活在上海，由姥姥带大，1964年来到北京，和父亲一起生活了近三十年。我对父亲的了解，除了听母亲讲述，主要来自阅读、整理他的作品、日记和回忆录。

父亲在美留学期间，流行性病毒正在祖国肆虐，成千上万的人，包括父亲的亲姐姐都被这“小魔王”夺去了生命。他便认定医学才能救国，就从威斯康星大学化学系转到芝加哥大学改攻细菌学这个冷门学科。不幸的是，在一次实验室中，装有脑炎过滤性病毒的瓶子破裂，他受到了感染，中枢运动神经遭到破坏，手脚活动发生障碍，但他的思维依然非常清晰、敏捷，顽强地学完了全部医学博士课程。

等到1930年回到上海，他看到被日本侵略的祖国“生病”了，瘟疫横行，民不聊生，心情沉痛无比，便着手翻译《世界卫生事业趋势》《细菌学发展史》等文章介绍给国人。不久，他的病情日益加重，四肢近于瘫痪。但他依然愤世嫉俗，由于不满国民党的贪官污吏，他辞去南京中央医院检验科主任的职务。父亲失业后贫病交迫，在上海亭子间开始了科学小品的创作。

配合抗日的节拍写作

抗战时期，作为一名优秀细菌学专家，父亲准确地预见了日军实施细菌战的可能和反细菌战的必要。作为一名忠贞的爱国者，父亲认为先要从最基础的做起，唤醒民众对病菌的防范意识，同时也提出了毒气战爆发的可能性与预防措施。

在父亲看来，从事这项工作的意义，不但是引起对日敌的警惕，更重要的还在于懂得如何保护自己不受侵害，以强健之身去拯救和保卫祖国，并使它富强。父亲首先注意到，战士们的战壕中环境卫生很差，直接影响他们的身体，而平日避免虱子骚扰，是值得注意的一着。父亲为此写了《战壕热》一诗，献给前线战士。

他又应约陆续写了《细菌与人》等诸多科普作品。在《我们的抗敌英雄》中，父亲将细菌比喻为日本侵略者，把白细胞比作抗敌英雄，写得通俗易懂，又有鼓动性。李公朴、艾思奇交口称赞，说它具有鲁迅杂文式的风骨。

从此，父亲找到了一种把自己留美学到的专业知识，奉献给浴血奋战的中国大众的最好方式。开始，他还能用抖动的手握着笔杆，艰难地书写近百篇科学小品；以后病情加重，就先打好腹稿，一个字一个字口述出来，请人记录。一篇几百字的文章，往往需要花费几天时间才能完成，但他乐此不疲。

打开父亲从 1934 年到 1937 年所创作的近百篇科普作品，我们发现抗战的题材占百分之六十之多，正如父亲在晚年回忆时说道：“在这个时期内，我的病使我写作感到困难。但是我还是坚持着每天写一千字的文章，这些文章大都是配合着当时抗日救亡运动的节拍而写的。”

“红色科学家”

八一三抗战爆发的前夜，父亲写完了《菌儿自传》第十五章。读书生活出版社的黄洛峰向父亲付了一百多元，预支了《抗战与防疫》一书的版税，然后准备派社里的同仁护送父亲去延安。谁知道在苏州河上听了三天三夜的炮声还没有走成，最后父亲只身一人挤上了西行的列车离开了上海。后由于战事又耽搁在路上，旅费花光，于当年 11 月 25 日才抵达延安。

当晚，先期到延安的读书生活出版社朋友艾思奇就来看父亲，高兴地说：“好了，你也来了。”艾思奇领着父亲参观抗日军政大学，并见了罗瑞卿副校长。在延安，父亲收获了一个“红色科学家”的称号，并担任了陕北公学的教师，经常被抬上讲台，向各级干部和来自全国各地的青年讲防疫与防毒知识，在此基础上写作了《国防科学在陕北》。陕北公学派了一位学生做父亲的秘书，不仅听父亲口若悬河地述说腹稿，作笔录，整理成文，还在每天晚上帮父亲记录他口述的日记。

父亲常去艾思奇的窑洞，听他讲前线和大后方的消息。艾思奇还告诉父亲，李公朴就要从山西太原来延安访问了。后来，父亲被搬到马列学院图书室外面的一个房间住，这里环境幽静，是读书的好地方。父亲晒着太阳，读完了英文版的《静静的顿河》，他被其深深吸引，爱不释手。有时，他与马列学院的学生们谈起他在上海亭子间里写作的情景，他们都听得很入神。延安遭轰炸后，父亲又被迫搬进窑洞中去住，他在此款待了读书生活出版社的老社长李公朴和夫人张曼筠。李公朴先生见延安如此器重科学人才，不胜感慨。

1939年的一天，父亲意外收到黄洛峰寄来的包裹，在一个方形的纸盒里，装着读书生活出版社新出版的父亲科学小品集《抗战与防疫》和《细菌与人》各三本。父亲欣喜无比，将其中四本分送给爱读他书的友人。后来，由于延安缺医少药，父亲病情不见好转，1939年4月，又转道重庆，被护送去香港。

“投降了大众”

1939年12月，父亲抵达香港。读书生活出版社的茅盾当时也在香港，他以硕士的名衔，介绍了父亲分别在读书生活出版社和开明书店出版的《科学先生活捉小魔王的故事》与《菌儿自传》两本科学小品集。

父亲作品中的“小魔王”，指的就是各种危害人类的病菌。父亲像讲故事一样，用轻松的文体告诉读者这些毒菌如何传播、扩张，人们又该如何预防、消灭它们，其中有三分之二是讲述如何对付最普通也最可怕的传染病毒菌。这在抗战时是急需普及的卫生科学常识，又是一种专门的学问。茅盾先生称赞我父亲妙笔生花，将这些专业知识，变成一个个生动有趣的故事，有时用“访问记”，有时用对话体，或是幽默的叙述体。各种毒菌在他笔下都被拟人化了，贪婪、狠毒、阴险——活像一群侵略人体的“小魔王”，读者能以此和抗战时期的现实生活作形象的比照。茅盾说，这样“使读者不但获得了与我们民族健康有莫大关系的知识，还激发了我们的民族意识，以及疾恶如仇的正义感”。一位身患重疾的瘫痪科普作家，能以自己手中的笔，在抗战中发挥这样的宣传作用，真是太难得了！

也曾有人非难父亲，说他政治热情太高了，有时把研究自然现象的科学，用作抨击社会不正之风和投向民族仇敌的刀枪。而父亲对这些非议不以为然，他不像少数科学家那样，无视民族存亡，把自己关在风平浪静的实验室中做囤积居奇的商贾，他坦然地宣称，他的科学研究“投降了大众”。正因为此，父亲写的每一个字，都是为这种“投降”奋斗献身的结果！

（本文选自《人民政协报》）